JN331438

「評価読み」による
説明的文章の教育

森田信義

溪水社

まえがき

福岡教育大学に赴任したのは、もう四〇年も前のことである。当時は、附属学校と大学が連携して教育研究に熱心に取り組み、附属学校の公開研究発表会では、大学教員も研究グループの一員として研究発表を担当したことを懐かしく思い出している。

附属学校の先生方との教材研究や授業研究を続けているうちに、国語教室で行われる読むことの授業に、ある種の違和感を抱くようになった。そのことを簡単な文章にしてみた。その文章を、福岡教育大学のH研究室で定期的に刊行している『国語教室』という雑誌（第5号）に掲載する機会があった。題して「主体的に読むということ」（一九七七年一二月）である。このエッセイ風の文章は、この雑誌に拾い上げられる数年前に、大学（学部）卒業十周年記念の文集に掲載していたものであった。その文集は紛失してしまったが、『国語教室』に掲載されたものが、『国語教育基本論文集成』（全三〇巻、明治図書）に拾い上げられることになって、今でも読むことが可能になった。

今回、私の、恐らくは説明的文章教育に関する最後の著書のための原稿を書き上げた後で、改めて、「主体的に読むということ」に目を通して見て、今、実践現場に出かけて、小学校の先生方と推進している「評価読み」の原理が、既に三十数年前に書き留めたこととほとんど変わるところがないことを発見して、深く考え込んでいる。長い年月、少なからぬ精力と時間とを費やして追究し続けたことは、常に、三十数年前のあの短い文章に回帰するものであったのかもしれない。説明的文章を読む能力の構造を、「スパイラル」（螺旋状）構造でなくてはならないと主張する身であれば、自分自身が、それを実践してきたとも言えてなにやら不思議である。

本書は、『説明的文章教育の目標と内容』（溪水社、一九九八）を強く意識している。それは、『説明的文章教育の目標と内容』が、文字通り、目標論、能力論、教材論を重点的に考察し、ある提案をしたものであって、意図的に、学習指導方法についての言及を避けている。いわば、売りにくいことを承知で出版したものであり、その意味では出版社に迷惑をかけた。しかし、このほど完売できたということを聞き、残しておいた方法論に関する考えをまとめてみることにした次第である。

三十数年前の文章に回帰するとは言え、その後の研究や実践から得るものも少なくなかった。二十数年に及ぶ広島大学勤務の間の様々な研究者との交流、実践者との出会い、児童・生徒の学習の場への参加から、様々なことを学んだ。特に、小学校の先生方との命がけともいえる真剣な教材研究と授業研究、目を輝かせ、意欲的に発言する児童との触れあいと、時々の飛び入り授業によって、主体的に読むこと、吟味・評価をしながら読むこと、すなわち「評価読み」の原理が有効であることを実証する機会を得ることができたことを実感し、心から感謝している。「評価読み」に基づく教材研究はとても楽しいという声を聞く。それは、「普通の読み」をしていることの証しであるが、私はうれしい。楽しい教材研究は楽しい授業を創造することになるのであろう。

本書は、理論や歴史に深入りしていない。忙しい学校現場の先生方に、必要なことが直接届くように、つまりは児童、生徒の学習活動に直接響くように、単なる技術的なマニュアルになることを避けつつも、可能な限り、簡潔にまとめた結果である。説明的文章教育の理論、歴史等に関心のある方のために、巻末に、(私の)著書、論文、目録等を列挙している。

大震災のニュースから目が離せない、寒い春である。本書出版の年は忘れられないものになる。

二〇一一年三月　　著者

目次

「評価読み」による説明的文章の教育

第一章　読みの構造と評価読み――読みという能動的な活動

一般に、理解行為である「読み」は、表現行為である「書く」や「話す」に比して、受容的、受動的な行為であり、文章や作品の内容、形式を受け容れるという性格が強いものと考えられがちである。他者によって表現されたものに出会うのであるから、未知のものを、まずは受け容れる行為として考えられることが多いのは、あながち間違いとは言えず、やむを得ない面がある。しかし、読むという行為は、受容的な性格が強いと言い切ってよいであろうか。このことについて、私は、読みには受容的な側面と同時進行的に評価的、批評的、かつ創造的な側面があり、両者が重なり合い、相互関係を持ちながら（せめぎ合いながらと言った方が適切であるかもしれない）行われる活動だと考えている。

例えば、上のような文章には、どのように対応することになるであろうか。（教材全文は、巻末に収録する。）

まず、「ふねには、いろいろな　ものが　あります。」という表現に触れて、ああ、この後（本文）には、たくさんの船のことが書いてあるのだろうと予想できる。そ

> ふねには、いろいろな　ものが　あります。
>
> ……（省略）……
>
> フェリーボートは、たくさんの　人と　じどう車を　いっしょに　はこぶ　ための　ふねです。
>
> この　ふねの　中には、きゃくしつや　車をとめて　おく　ところが　あります。
>
> 人は、車を　ふねに　入れてから、きゃくしつで　休みます。
>
> （東京書籍、一下）

して、どんな船が出てくる（取り上げられている）だろうかと想像することになろう。

フェリーボートに関する説明の最初には、その目的に関する総括的な説明がある。そのなかには、「たくさんの人」という表現があり、文章に即して、「フェリー・ボートとは、たくさんの人と自動車を一緒に運ぶための船である」ということを受容することになる。

しかしながら、筆者が研究のアドバイスに訪れたある小学校で、児童が、一読して、「ここには、嘘が書いてある」と叫んだということを聞いた。その小学校の近くには、複数のフェリー乗り場があり、大小さまざまなフェリーボートが、就航している。児童は、様々なフェリーボートを見て、この説明の仕方には納得がいかなかったのである。このような読みこそが、本当の読みの行為ではないかと思う。書いてあることが、書いてある通りに分かるということと同時に、読み取ったこと、読み取りつつあることを、自分の経験や知識、考えに照らして、批評や評価してみるということが併存していることが自然な読みというものである。

学習指導要領の国語編の教科目標は、長い間、「国語を……正確に理解する……」ことを掲げ、その成就のために力を尽くしてきた。目標の後半には、「……とともに、思考力や想像力……を養い」という記述もあるが、国語教室では、文章や作品を叙述に即して、正確に読むという目標意識のもとに授業が展開されることが多かったとは言えないだろうか。前出の違和感を感じ、それを素直に表出した児童は、授業を進める上では、迷惑で、障碍になる存在と見なされることも少なくなかった。このような事例は、実際に、現職教員が大学院生として、私の授業に参加して、反省的に吐露したことでもある。そのことに、私が、特別に驚きを感じなかったのは、私が見聞する数多くの国語教室の実態が、そのようなものであったからである。

前掲の教材文に、もう少し拘ってみよう。

「この　ふねの　中には、きゃくしつや　車を　とめて　おく　ところが　あります。」という説明についても、先の児童は納得しないであろう。自分が知っている、利用したことのあるフェリーボートには、客室はなかったというかもしれない。実際、私が、当該児童のいる小学校に出かけるときに利用するフェリーボートは、極めて小規模で、客室なるものもない。ましてやたくさんの人など乗せる設備はない。

教材では、このような設備があることを前提に、その使用の仕方に触れて、フェリーボートの事例の扱いを終わるのである。さらに、同じような説明の構造で、「客船」、「漁船」、「消防艇」が取り上げられている。

ところで、なぜ、この教材は、いろいろな疑問や異論の生じるものになっているのであろうか。「評価読み」の立場からは、そのような問題に答えること自体を学習の対象にしたいのであるが、具体的には、どのような読みを展開するように支援すればよいのであろうか。次の三つの段階を踏んで、解明してみよう。

発問例

発問一　「この筆者の説明に賛成できない人がいるようですが、どこがおかしいのですか?」
発問二　「どうして、筆者は、そのように書いたのでしょうか?」
発問三　「どのように書き直せば、分かりやすい説明になりますか?」

想定される児童の反応

発問一に対して……「たくさんのという説明は、ぼくの知っているフェリーボートには当てはまらない。また、客室がないフェリーボートもある。」
発問二に対して……「あっ、この筆者は、写真にあるフェリーボートについて言っているんだ。たしかに、この写真のように大きなフェリーボートなら、説明は合っている。」

発問三に対して……「『このしゃしんの』ということばを、それぞれの船の説明の最初に書くといい。」

一連の船についての説明は、それぞれの「船一般」ではなく、写真として提示された「特定のもの」についての説明だったのであり、文章表現は、それを丁寧に説明し切れていなかったのである。

この一連の活動は、児童自身で発見し、解決することが可能であるが、このような活動を見越して作られた教材ではなかろう。つまり、善意であっても、このように分かりにくい文章は存在しうるのである。このような文章は、教科書以外の場では、さらに多い。多いというより普通であると言った方がよいかもしれない。

私は、教材が、非の打ち所のない名文であることを望んではいない。人間の書くものであるから、美点のみならず、誤りや偏りを含んでいることも自然である。そのような事態を避けることは不可能であり、それはそれでよいと考えている。問題は、指導者が、そのことに気づかず、あるいは気づいていても学習対象にせずに通り過ぎることである。

読むとは、このように、単なる受容行為ではなく、限りなく精力的、積極的に読みの対象である文章や作品に働きかけ、挑みかける行為であり、児童は、それぞれに彼等らしく、自然にそのような行為を実現できるのである。

かつて、芦田恵之助が、「読むとは自己を読むことである」と言ったのも、このような意味であったろうと推測できる。読むとは、読みの深さや幅における特徴と問題を含みつつ、そのこと自体が、読み手の内実を表現、表明しているのである。だれが読んでも同じというような読みは、読みの一部分であるに過ぎない。

第二章　「分かる」とはどういうことか

1　「分かる」の諸相

この教材はよく分かる、あの教材は分かりにくいなどという。「分かる」あるいは「分からない」とはどのような状態を指して言うのであろう。

一九七四年に初めて教科書教材として登場し、長期にわたって使用されてきた「ありの行列」（筆者・大滝哲也）を例に、「分かる」とはどういうことか、逆に「分からない」とはどういうことかを考察しておこう。

ありの行列　　大滝哲也

庭のすみなどで、ありの行列をよく見かけます。その行列は、ありの巣から、えさのある所まで、ずっとつづいています。ありは、ものがよく見えません。それなのに、なぜ、ありの行列ができるのでしょうか。

アメリカに、ウィルソンという学者がいます。この人は、次のような実験をして、ありの様子をかんさつしました。はじめに、ありの巣から少しはなれた所に、ひとつまみのさとうをおきました。しばらくすると、一ぴきのありが、そのさとうを見つけました。これは、えさをさがすために、外に出ていたはたらきありです。ありは、やがて、巣に帰っていきました。すると、巣の中から、たくさんのはたらきありが、次々と出てきました。そして、列を作って、さとうの所まで行きました。ふしぎなことに、その行列は、はじめのありが巣に帰るときに通った道すじから、外れていないのです。

次に、この道すじに大きな石をおいて、ありの行く手をさえぎってみました。すると、ありの行列は、石の所でみだれて、ちりぢりになってしまいました。ようやく、一ぴきのありが、石のむこうがわに道のつづきを見つけました。そして、さとうにむかって進んでいきました。そのうちに、ほかのありたちも、一ぴき二ひきと道を見つけて歩きだしました。またたんだんに、ありの行列ができていきました。目的地に着くと、ありは、さとうのつぶをもって、巣に帰っていきました。帰るときも、行列の道すじはかわりません。ありの行列は、さとうのかたまりがなくなるまでつづきました。

これらのかんさつから、ウィルソンは、はたらきありが、地面に何か道しるべになるものをつけておいたのではないか、と考えました。

そこで、ウィルソンは、はたらきありの体の仕組みを、細かに研究してみました。すると、ありは、おしりのところから、とくべつのえきを出すことが分かりました。それは、においのある、じょうはつしやすいえきです。

この研究から、ウィルソンは、ありの行列のできるわけを知ることができました。

はたらきありは、えさを見つけると、道しるべとして、地面にこのえきをつけながら帰るのです。ほかのはたらきありたちは、そのにおいをかいで、においにそって歩いていきます。そして、そのはたらきありたちも、えさをもって帰るときに、同じように、えきを地面につけながら歩くのです。そのため、えさが多いほど、においが強くなります。

このように、においをたどって、えさの所へ行ったり、巣に帰ったりするので、ありの行列ができるというわけです。

このえきのにおいは、アリのしゅるいによって違うことも分かりました。それで、ちがったしゅるいのありの道しるべが交わっていても、けっしてまようことがなく、行列がつづいていくのです。

（光村図書、三上）

「分かる」、「分からない」の原因は、一つではない。最も基礎的な原因として、教材中の、「文字（漢字）」、「語句」、「文法（文の構造など）」が分からないということもあろう。教材は、学習者の発達段階、学習の経験を踏まえて、一般的には、合理的な言語抵抗を有する文章、作品を教材にしているが、それでも抵抗の大きすぎる学習者がいることは否定できない。この場合の「分かる」、「分からない」という状況は、指導者にはとらえやすく、対応もしやすい。

また、教材中の「ことがら・内容」が未知あるいは既知のものであって、分かりにくいとか分かりやすいということもある。「ありの行列」というものを目撃したことのない学習者は、予想以上に多い。研究者の中にも、そのことを、次のように、問題にしている者がある。

「『児童はありの行列を見慣れている』などとは言えない。どうして、こういう安易な思いこみをするのだろうか。」

「『行列』と言えるほどの形のものを作るありの種類は限られているし、それらの種が住む環境もそれぞれの種で異なっている。また、土がむき出しになっていて、しかも草におおわれてはいない場所でないと、行列を見つけることは難しい。」（注1）

「ありの行列」の知識や経験のない児童にとっては、分からないという結果を招くことになる。

さらに、書かれている事柄相互の関係（論理）が分かる、分からないということがある。

「関係」の理解とは、例えば、前掲の冒頭段落の四つの文（の内容）が、相互にどのような関係になっているのかに関わる行為を指す。第一文と第二文との関係は、第二文が、第一文を受けた付帯的説明になっており、相互関係は単純であるが、第三文と第一、第二文の関係はわかりにくい。第四文に対しては、第三文は否定的条件になっている。「目が見えないのになぜ行列ができるのか。」という脈絡でとらえることができる。

第一、第二文と第三文の関係をどのようにとらえることが、「分かる」ことになるのであろうか。目の見える動物であれば、行列を作る際には、当然、自分より前を行くものの後を「目で追いながら」ついて行くと常識的に考えてしまうであろう。このような前提で第四文をとらえると、ほとんど問題提示文の意味をなさなくなってしまう。したがって、第三文は、視覚によって先行するありについて行くことで行列ができるのではないかという読者の予想を否定するために置かれた一文であると考えることができる。第四文の「それなのに」という逆接の語が、そのことを表している。もっとも、この第三文は、一九八六年版より前の教科書では存在せず、渋谷孝が、そのことに起因する問題を、早くに指摘していた。(注2)第三文のあるなしで、論理は変わってくる。第三文が不在の場合には、関係が「分からない」と渋谷は考えたのである。

「関係」の読みは、さらに段落を越えて文章全体の各部に拡大していく必要がある。このような活動の過程と結果における「分かる」「分からない」の実相は、一段落内のそれに比して格段に多様化、多層化する。「ありの行列」における段落を越える関係の把握とは、例えば、問題文と答えの関係、問題文—論証過程—答えの構造、論証過程の内部構造の把握を指す。特に複雑で分量の多い「論証過程」の仕組みの理解とは、「実験①」—「実験②」—「予想(仮説)」—「検証・結論」(この結論部分の構造が複数段落構造になっており、分かりにくいのであるが)の流れと関係が分かることでなくてはならない。

一般的には、「ありの行列」は、「はじめ(問題提示)」—「なか(提示された問題の解決のための科学的操作〈観察、予想、検証〉)」—「おわり(結論)」という仕組みになっているということを読み解けば、学習と指導の大半を終えたということになっていた。「なか」の部分の構造を読み解くには、多大のエネルギーと時間を要する。そのことが、大きな仕事を成し遂げた印象を与えていたのかもしれない。

以上取り上げたことは、言語表現にかかわる事項が分かる、あるいは分からない、ことがら・内容が分かる、分からない、ことがら・内容相互の関係が分かる、分からないという三つの観点を示している。そこで、言語の意味や形式が分かり、書かれていることがら・内容が理解でき、ことがら・内容相互の関係(論理)が理解できたということが、この教材のすべてを分かったという状態を意味するのであろうか。

ここでは、特にことがら・内容相互の関係である「論理」について、考察を加えておこう。

筆者が書いた、あるいは構築した論理をなぞって、そのまま受け容れるという行為がある。これが、これまでに国語教室の多くで行われてきた説明的文章学習であろう。「叙述に即して正確に読む」というスローガンのもとに展開された実践である。

では、研究者の指摘によって、冒頭段落に、第三文を補足するという修正が加えられたことは何を意味するのか。それは、書かれている論理が分かるということに、二つの意味があることを示唆している。一つは、書いてあるとおりに、ことがら・内容の関係である論理をつかみ取るという分かり方であり、他の一つは、教材が、論理的思考、認識の仕方に照らして分かるか（納得がいくか）どうかという分かり方である。「論理が分かる」ということと「論理的に分かる」ということの違いとでも言えばよいであろうか。

長く使用されて、典型的な説明文のように考えられている「ありの行列」も、厳しい実践者の目にさらされ、論理的吟味・評価の試練を経て、いくつかの修正をしながら生き延びてきたのである。書いてあるとおりに分かることが理解のすべてであるのなら、加筆など必要がなかったのではなかろうか。

なお、この教材は、「行列」のできるわけを問う問題提示文を持ち、自然科学的な手続きで問題の解明をし、結論に至っているように見えながら、解明されたのは、行列そのものではなく、ありが、えさと巣の間を行き来する「道筋」に過ぎない。文章中の用語も、「道」、「道すじ」、「道しるべ」が度々使用されている。「道筋」があれば行列ができるというわけではない。行列を作る小型ありの社会的、集団的行動が、同じ道すじを通りつつ、行列を作るという関係を説明しておくべきであろう。この他にも、最終段落の分かりにくさを問題視している研究者もある。

しかし、教科書教材は、最初から完璧なものを求めるべきではない。人間の書くものには個性も癖もある。つまり長所も問題も抱え込んでいることが多い。そのような教材を絶対的な存在としてあるがままに受容するというのでなく、論理的な観点から吟味・評価して、よりよいもの（納得できるもの）に修正していくという工夫があってよいと思う。この教材や、「たんぽぽのちえ」などは、このような操作を経た歴史をもち、そのことを評価すべきである。

この教材「ありの行列」については、教材に疑義を抱いた学習者が、自らの手で修正した文章を生み出した事例がある。（第六章(3)参照。）

「論理」が分かるということに関して別の事例を取り上げておこう。

筆者が、読者を説得するために創造した論理が、必ずしも功を奏することなく、むしろ、論理的な立場から逆の効果を生み出す場合もある。

次に挙げるのは、辻　邦生の著書『言葉の箱　小説を書くということ』、（注3）の一部である。

「ただ、パリに着いて、不思議に胸を打たれたのは、パリの町そのものが非常に堅固で美しくできていることで、東京ではひとつも味わうことのできなかったこの美しさは何であろうかと言うことが、まず大きな最初の課題として自分のなかに飛び込んできたわけです。日本の場合、道がそういうふうになっているから、そこに家を建てたというように、与えられたものをそのまま受け入れて、家なり道路なりをつくる。ところが、パリの町は、ほとんどそれと逆で、与えられたものを人間の目的に合わせてつくり直していくことが前提にある。これが日本といちばん違っている点でした。

たとえば、道路のところに三角形の土地があるとします。日本だったら、このくらいを庭にして、あとは、せめて四角い家を建て、角の土地が少し余ったのでこっちも庭にしてという感じですが、フランスはそうではなくて、道路からそっくり三角形の家を建てていく。ですから、こちらの部屋は当然ながら三角形で、そちらの部屋は梯形みたいになる。日本だと、部屋は四角くて、三角形の部屋なんかあったら困る、こんなところに家具なんか置けない、と考えますけれども、フランスでは外の形に合わせて内容を決めていく。ここには、自然に与えられた条件ではなくて、ある目的に即して意思と計画性を働かせてつくっていく、その結果、非常にピッシリした幾何学的な美しい町の外観ができる。」

	日本	フランス
前提としての考え方	与えられたものをそのまま受け入れて、家なり道路なりをつくる。	与えられたものを人間の目的に合わせてつくりなおしていくことが前提にある。
例	（三角形の土地に）このくらいを庭にして、あとはせめて四角い家を建て、角の土地が少し余ったのでこっちも庭にして……	（三角形の土地に）道路からそっくり三角形の家を建てていく。 ある目的に即して意思と計画性を働かせてつくっていく。

辻　邦生の文章から、日本とフランスの考え方の違い、そしてその具体例が出されており、その関係は、叙述されている限りでは理解できる（分かる）。しかし、論理的に読むなら、どう考えても具体例は、納得の行くものではなく、むしろ逆ではないかと思える。三角形の土地を与えられてそのままを受け入れて家を建てるのなら三角形の家になるのではなかろうか。そこにわざわざ四角い家を建て、庭をつくるという行為は、人間の目的に合わせて作り直していくというフランスの場合と密接に繋がるのではないだろうか。筆者の作り上げた論理をそのまま理解するという分かり方と、それを論理的な立場から吟味・評価して分かるということとは同じではないということが

明らかになるであろう。

説明的文章の教育の究極目的は、教材の論理を、教材に即して、受け容れる立場に留まる人間ではなく、読み取ったものを論理的に吟味し、評価できるような主体を育成することである。

このような教育を実現するために、以下の章では、「確認読み」、「評価読み」という概念を導入して、読むこと及び読むことの教育をとらえ直していきたい。

2 「モデル」を持つということ

長尾　真は、「分かる」にはレベルがあるとして、次のように言っている。

「第一のレベルは、言葉の範囲内で理解することであり、第二のレベルは、文が述べている対象世界との関係で理解することであり、さらには第三のレベルとして、自分の知識と経験、感覚に照らして理解すること（いわゆる身体でわかる）というレベルを設定することが必要であろう。」（注4）

第三のレベルについて、長尾の説明は分かりにくい点があるが、第二のレベルについて、ゴルフのボールの打ち方を例に出しつつ、さらに説明を加えている。

「（a）五〇ヤードなので柔らかさが重要であった。」を理解するに際して、次のような指摘をしている。

「質問するほうは自分の頭の中にボールのありうる状態についてのモデルがいくつかあって、そのモデルのうちのどれが現実に生じているかを、状況に拠って判断する。そして、現在ボールの置かれている状態をよく観察することによって、選んだモデルの要求するパラメータ（たとえばグリーンまでの距離、風の向きと強さなど）を

決定してスイングする。そのためにも対話が必要なのである。」(注5)

この場合の対話は、読みにおける問いかけと考えてもよい。さらに、長尾は、「話題の対象についてのモデルをもっていない人は、対話をすることができないといってよい。」(注6)とも言う。

主体的な読み、働きかける読みが成立するためには、読み手が、読みの対象についての何らかの知識や体験を持っていることが前提である。全くの未知の対象については、受容の読みをせざるを得ない。

教材の読みの最初に、「題名読み」をして、読者の既有経験、知識を想起し、教材に対する読みの構えを作ることや、読み進める段階で、疑問や意見、批評という反応が可能になるのは、読み手の中に、教材と関係のあるモデルが存在することによるのであろう。教材は、そもそも、そのようなことが可能な内容と認識方法、表現方法を考慮して作成されていると考えられる。このことは、既に、長尾のいう第三のレベルのことであるかもしれない。

長い間、学校における読みの指導において、学習者＝読み手の内面は、空虚であっても構わない存在ではなかっただろうか。空虚の中に、価値ある内容と形式を流し込むことが学習であり、指導であると考えられてこなかっただろうか。純白の紙面に、全く新しいことを書き込むという行為も、確かに「理解すること＝分かること」であるかもしれない。しかし、国語教室における読むことは、このような「分かる」を目指すものであってはならない。

3 「評価読み」とPISA型読解力

「評価読み」の考え方は、既に数十年前から継続して構想し続け、検証を続けてきたものであり、PISA型読解力といわれるものと直接の影響関係はない。しかし、結果としてPISA型の学力と「評価読み」には重なる部分も多い。そのことを頭に入れて、ＰＩＳＡ型読解力に触れておきたい。

ＰＩＳＡ型読解力のプロセスとしては、「情報の取り出し」、「解釈」、「熟考・評価」が設定されている。「評価読み」を進める立場からは、特に、このうちの「熟考・評価」（reflection and evaluation—「書かれた情報を自らの知識や経験に関連づける」）に着目したい。（注7）

レベル　5	批判的な評価、仮説、特殊な知識を使って一般的な予測に反した考え方もうまく理解できる。
レベル　4	テキストを批判的に評価することができる。
レベル　3	複数の情報などを身近で日常的な知識と結びつけることができる。
レベル　2	テキストと知識とを比較し結びつけることができる。
レベル　1	テキストと日常的な知識の情報を単純に結びつけることができる。
レベル　0	レベル１の課題を半分いかしかこなせない

熟考・評価のプロセスには、上に掲げる表のように6つのレベルがあるとされる。ここにみられる定義から、その具体的な内容を理解することは、必ずしも容易でない。例えば、レベル4の「批判的に評価する」とは、具体的にどうすることなのか、また、レベル1、2、3には、いずれも「日常生活と知識・情報の結びつけ」をする能力があるが、「単純に」「比較し」「複数の情報など」というレベルの違いは、分かりやすいものではないし、レベル2と3の区別をつけることにも困難が伴う。

具体的で、不要な部分をそぎ落としてできあがるのが定義であるとするなら、このように抽象的なものになることは致し方ない。その抽象性によって、全体の骨格、部分相互の関係等が把握しやすくなることもあるからである。Critical readingでは先進国と思われる米国の国語教科書、専門書に掲げられたスキルのリストも似たような抽象レベルのものが多い。しかし、実際には、PISAの問題のいくつかは公開されており、レベルの抽象的な説明では分かりにくいものを具体的につかむことができる。

なお、「読解力」（Reading Literacy）の定義は、次のようである。（注8）

「自らの目標を達成し、自らの知識と可能性を発達させ、効果的に社会に参加するために、書かれたテキストを理解し、利用し、熟考する能力」

学校や国語教室の枠の中に収まりきらない学力を含んでおり、単に受容する静的なものでなく、対象に積極的に働きかけ、自らの生き方を支える力となりうるダイナミックな学力を目指しているととらえられる。これは、実の場原理に立ち、情報の価値を吟味・評価しつつ、自らが論理的思考と認識のできる主体として成長するという「評価読み」の目標に近い。時期的な観点からは、たまたま近似しているということになるが、読むという実の場での行為の仕組みや機能を考えるとき、同じようなところに行き着くということでもあろう。

有元秀文氏の取り組んでいる「ブッククラブ」の目的と内容にも、「評価読み」に通じるものがあり、学ぶべきことも多い。（注9）

【注】

1　宇佐美　寛、『国語科授業批判』、明治図書、一九八六、一二〇頁
2　渋谷　孝編著、『説明的文章の授業研究論』、明治図書、一九八一
3　辻　邦生、『言葉の箱　小説を書くということ』、中央公論新社、二〇〇四。電子版のため頁数の記載ができない。「I　小説の魅力　in love with／生命のシンボルに触れる／小説を書く根拠」より。
4　長尾　真、『「わかる」とは何か』、岩波新書、二〇〇一、一一六頁
5　4の書。一三六頁
6　4の書。一三六頁
7　岡部憲治、『世界標準の読解力――ＯＥＣＤ―ＰＩＳＡメソッドに学べ』、白日社、二〇〇七、二二頁

8　4の書に同じ。ここに掲げた表は、元の表の一部である。

9　有元秀文、『「PISA型読解力」の弱点を克服する「ブッククラブ」入門』、明治図書、二〇〇〇　有元秀文、『ブッククラブで楽しく学ぶ　クリティカル・リーディング入門』、ナカニシヤ出版、二〇一〇。最初の書の題名には「弱点」とあるにもかかわらず、PISA型読解力とブッククラブ系の学力は重なるものも多い。

第三章　「確認読み」と「評価読み」

1　「確認読み」

前章において、叙述に即した正確な理解について触れた。そして、それは、読みの一部に過ぎないとも言った。目の前の文章、作品という言語に定着された存在を、言葉を手がかりに、可能な限りあるがままに（筆者が伝えていることを言葉に即して）理解することは不要ではない。むしろ極めて重要な行為ではある。「読みの一部」ではあるけれども、極めて重要な一部なのである。

私たちは、文章や作品を、自己の経験や知識、考え方等に基づいて、自由に読むことが多い。これは、主体的な読みに連なる行為であり、これも読みの一部として、極めて重要な行為であるが、ややもすれば、恣意的で偏った読みに走りがちでもある。

書かれていることは、書き手が意図して書いた通りに理解することが礼儀である。書き手が書いている通りに（叙述に即して）理解する読みを「確認（のための）読み」と呼んでおく。教材研究の過程や結果において問題になることのうちには、教材を叙述に即して、書かれている通りに理解できていないことから派生するものも多い。「どうしてそんな読みになるのですか？　もう一度教材文をよく読んでみて下さい。」と再読、三読を促すことも稀ではない。「確認読み」の実践、深化である。

叙述に即して正確に読むためには、それなりの知識や技能が必要である。児童、生徒のうちには、これらの基礎的な知識や技能が十分に身についていないために、言語事項に関わる知識、技能から、文章の論理構造や要旨の読みというような高度な技能の行使に至るまで、さまざまな段階で支障をきたすことがある。

『学習指導要領　国語編』は、かつて、第一学年から第六学年まで、各学年ごとの目標（学年目標）を持っていた（今日では、二学年ずつを括り、いわば、低・中・高学年という示し方をしている）。各学年の「読むこと」の目標のうち、説明的文章の教育に関するキーワード（ポイント）を、簡潔に示すなら、ほぼ、上のようなものであった。

学年	目標のポイント
一	大体
二	順序
三	要点
四	段落相互の関係
五	要旨
六	目的に応じて

第六学年は性格の異なる目標であるが、第一学年から第五学年までに掲げられた目標のポイントは、明らかに、叙述に即した正確な読み、つまり、通常言うところの「読解」つまり、「確認読み」の基本的技能である。このように示されると、一見分かりやすい。しかし、その分かりやすいところに問題がある。読むという複雑で総合的な活動を、このように要素に分解して、学年に位置づけるという方法によっては、読みの実像は見えにくいのである。学習指導目標を掲げる際には便利であっても、読みの実態に即したものではない。

正確さを求める読み、確認のための読みを成立させる技能とは、どのようなものと捉えればよいのであろうか。平成一〇年版以降の『学習指導要領　国語編』では、前記のごとく、二学年を括っている。その重要な根拠は、スパイラル（螺旋的）なカリキュラムをねらっているのだという。これは、一つの進歩ではある。しかし、六つの学年を一つに括ってしまうことを考慮すべきであった。それは、次のような理由による。

小学校一年生でも、例えば、先の「いろいろな　ふね」に即して言うなら、その文章を理解するためには、無論、読んだ文章の「大体」が分からなくてはならない。しかし、「順序」、「要点」、「段落相互の関係」、「要旨」についてはは指導する必要がないとは言えない。そのことを、さらに詳しく解明しておきたい。

書いてある事柄の「大体」が分かるためには、この説明文は、「いろいろな　ふね」について書いていることを、まずは把握する必要があろう。もう少し詳しく言えば、四種の船の「しごと」と「つくり」(「つくり」とのみは言えないが、それは後述する)と「使い方」について書いてあるというほどのことが分かればよいであろう。

事柄の「順序」が分かるとは、次のようなことである。四つの船を取り上げているが、それは、どういう順序で書かれているか。それぞれの船についての説明は、いずれも、「しごと」、「つくり」、「使い方」という同じ順序で書かれていることを把握しておきたい。

「要点」も、既に前二項について触れたように、この文章は、四種の船について、「しごと」、「つくり」、「使い方」という三つのポイントについて書いていることが分かるなら、目標を成就したことになろう。

「段落相互の関係」も、前三項と深い関わりがある。同じ構造の意味段落が、四種の船について存在し、それらを比較しやすくしている。

「要旨」とは、最終段落にまとめられている。

「いろいろな　ふねが、それぞれの　やく目に　あうように　つくられて　います。」

という一文を把握するなら、目標を達成したことになろう。

このように見てくると、各学年に相互に独立する形で置かれた目標としての技能は、相互に密接に絡み合って、同時に、総合的に機能していると見るべきであることが分かる。

さらに、このような技能相互の関係、総合性は、小学校全学年、中学校、高等学校、いや成人の読書行為に至るまで、同じように機能している。各学年の学習指導のポイントが分かりやすいことは、決して、読みの実態を反映しているものではないというのは、このような意味である。
では、読みには、学年の系統性などはないというのかという問題が出てくるであろう。それに対する答えは、次のようなものである。

> いずれの学年でも、各学年の目標と内容に掲げられた技能が、総合的に機能しているという点では、同じである。学年の系統性とは、諸技能を総合的に機能させて読む「対象」（文章）の難易度によって決定されるのである。

例えば、「段落相互の関係」（かつては第四学年、今日では、第三・四学年の目標のポイント）についても、第一学年用教材である「いろいろな　ふね」や、「どうぶつの　赤ちゃん」のように、分かりやすく、類似した構造で、把握の容易な段落の相互関係と、「生き物はつながりの中に」（中村桂子、光村図書、六下）の段落の相互関係とでは、難度に差があるのであり、これが、学年差であり、系統性というものである。

つまり、「段落相互の関係を把握する」ことは、第四学年、中学年の目標として掲げられてはいるが、第一学年でも、第六学年でも指導しなくてはならない技能であるという点では、学年を越えた存在である。しかし、その技能を使用するレベルは、対象である読み物の構造の難易度によって、変わってくるのであり、他の技能も同じように考えなくてはならないであろう。そのような原理に立つカリキュラムの例を、私の別の著書で紹介しているので、参照されたい。（注1）

2 「評価読み」

「評価読み」とは、「確認読み」として読み取ったもの（ことがら・内容、表現方法、論理）を、それらの妥当性や問題の有無という観点から吟味・評価することであり、また、問題があるものについては、その問題を解決する方途を探り、実際に解決、改善してみるという行為を指している。

説明的文章教材を研究するための観点として、A「ことがら・内容」、B「表現（言語表現）」、C「論理」を設定したい。さらに説明を加えると、次のようになる。

A「ことがら・内容」……「何を書いているか」の「何を」をとらえる観点。

B「表現（言語表現）」……どのような言語表現をしているか、その仕組みや工夫をとらえる観点。

C「論理」……「ことがら・内容」相互の関係をとらえる観点。

このような観点に立ち、筆者は、どのような「ことがら・内容」を書いているか、どのような言語表現の工夫をして書いているか、どのような関係を構築しているかを、文章に即して、ありのままに（叙述に即して正確に）読解することが「確認読み」であり、それらが、どのような価値や問題を含んでいるか（つまり、どのような美点、妥当性や問題を抱えているか、どのようにすれば、それらの問題は解決し、美点は活かされるのか）を考慮し、実践し、実践に活かす行為が「評価読み」である。

前項で、「確認読み」の事例として「いろいろな　ふね」の一部を取り上げた。ここでも同じ教材の部分を取り上げながら、「評価読み」の実際を考察しておきたい。

「いろいろな　ふね」には、四種の船、すなわち「客船」、「フェリーボート」、「漁船」、「消防艇」が取り上げられている。また、それぞれの船について、その仕事（目的）と、目的達成のための「つくり（構造）」、そのつくり（構造）の「使い方」が書かれている。各船について、筆者が、「事柄・内容」として書いている観点は、すべて、このようになっている。そのことが分かるのが「確認読み」であった。では、「評価読み」とはどのように読むことであろうか。例えば、次のような観点から、教材をとらえ直してみよう。

○これら四つの船は、どうしてえらばれたのだろうか。どういう特徴を持つ船として取り上げられているのだろうか。自分たちが知っている船の総体に照らして、「船」一般の特徴をとらえきっているか。いろいろな船という場合、他にどのような船があるだろうか。

○「ことがら・内容」として挙げられたもののうち、「フェリーボート」に関する説明の中の第二段落は、「このふねの　中には、きゃくしつや　車を　とめて　おく　ところが　あります。」という一文で構成されているが、これは、フェリーボートの「設備」を示している。これは、例えば、第三番目に取り上げられた「漁船」の場合とおなじだろうか、違うのだろうか。

○直前の観点の裏返しになるが、漁船の第二文で示された「きかい」や「あみ」は、フェリーボートの「きゃくしつ」や「車を　とめて　おく　ところ」と同じであろうか、それともちがうのであろうか。違うとすれば、どこがどのように違うのか。このことの追究は、論理とも関係が深いのであるが、最終段落は、「いろいろな　ふねが、それぞれの　やく目に　あうように　つくられて　います。」という「つくり（造り・設備）」としてまとめられているが、このようなまとめかたは妥当であるのか。

> ぎょせんは、さかなを　とる　ための　ふねです。
> この　ふねは、さかなの　むれを　みつける　きかいや、あみを　つんで　います。
> みつけた　さかなを　あみで　とります。

このような観点から教材文を読むと、単に、筆者の書いたことを受容するのみの活動では処理仕切れないことが分かるであろう。

表現（言語表現）の観点からも、吟味、評価をしておきたい。

フェリーボートの説明箇所の冒頭段落は、次の一文で構成されている。表現の工夫についても、いくつかの批評、評価をしておかなくてはならない。

「フェリーボートは、たくさんの　人と　じどう車を　いっしょに　はこぶ　ための　ふねです。」については、ここに書かれた「フェリーボート」は、通常は「フェリーボート一般」の意味と受け取ることになる。次の段落の冒頭、「この　ふねの　中には、……」の「この　ふね」は、「フェリーボート一般」を指すと考えても不思議はない。しかし、実際は、ここに取り上げられている「フェリーボート」は、教材中に提示された大型のカーフェリーのことである。とするなら、表現上の問題として、「この写真の」という語句を用いることが適当である。他の三種の船についても、全く同様のことが言える。

フェリーボートの説明箇所の第二段落は、「この　ふねの　中には、……があります。」という文型である。この文型は、最初に取り上げた事例の「きゃくせん」の場合も同じである。ところが、「ぎょせん」については、「このふねは、……つんでいます。」であり、最後の事例の「しょうぼうてい」も同様の文型である。

つまり、前二つの事例と後二つの事例では、内容が異なっているのである。その違いは、端的に言えば、前者が「設備」であり、船の構造の一部であるのに対して、後者は、「装備」なのである。これは、表現として間違ってはいない。しかし、最後の段落で、すべての事例をまとめる言葉として「いろいろな　ふねが、それぞれの　やく目に　あうように　つくられています。」となっている。「つくり」（設備・構造）と「装備」は、異なるものとして表現しながら、最終的に前者に収斂するものとして扱われていることに違和感はないであろうか。この問題は、事例とまとめとの関係についての問題であって、次に取り上げる「論理」の問題でもある。

本教材の冒頭は、「ふねには、いろいろな　ものが　あります。」であり、本文への導入になっている。教材文全体は、「はじめ」―「なか」―「おわり」の構造をなしている。この「はじめ」として書かれる部分には、さまざまな機能があるが、この場合は、極めて軽い導入になっている。「軽い」という意味は、本文との関わりが、密接・緻密に提示されていないという意味である。

内容的に類似した教材に、「じどう車くらべ」（光村図書、一上）がある。三種の自動車を取り上げ、ほぼ同一の観点から比較しやすいように配慮して、それぞれの自動車の特徴を明らかにしたものであるが、その「はじめ」をなす部分は、次の通りである。（教材文は、巻末に掲げる。）

「いろいろな　じどう車が、どうろを　はしって　います。
それぞれの　じどう車は、どんな　しごとを　して　いますか。
その　ために、どんな　つくりに　なって　いますか。」

この「はじめ」から、本文が、どのような内容であるのかを予想することは容易である。当然、「仕事」と「造り（構造）」についての説明が展開されるであろうと予想するし、事実、その通りになっている。論理的に、いくつかの疑問があるが、それは、ここでは問題にしない。

同じく第一学年の教材に、長命教材の「どうぶつの　赤ちゃん」（増井光子、光村図書、一下。教材文は巻末。）がある。この教材の「はじめ」は、

「どうぶつの　赤ちゃんは、生まれたばかりの　ときは、どんな　ようすを　して　いるのでしょう。そして、どの　ように　して、大きく　なって　いくのでしょう。」

であり、ここでは、二つの問題（①生まれたばかりの様子は　どのようであるか。②どのように大きくなっていくか。）

が提示されている。この場合も、細部についてはともかく、おおよそ本文に書かれている内容とその観点についても、は予想が可能である。

「じどう車くらべ」と「どうぶつの　赤ちゃん」が、「問いかけ（問題提示）―答え」という問答型の文章構成であったのに対して、「いろいろな　ふね」は、「問いかけ」を欠く、「はじめ―なか―おわり」という、いわば基本的な文章構造になっている。読み手である低学年の児童には、「問い―答え」構造の方が分かりやすいことはいうまでもない。それは、文章の冒頭に、筆者が、どのようなことを書こうとしているのかを明示しているからである。「いろいろな　ふね」では、本文において、船の色々を書いているであろうことは予測できるが、どのような観点から書いているかは不明である。ここに挙げた三種類の説明文の中では、冒頭部分と本文の関係把握という点に限って見れば、読み手にとって最も難度が高いといえよう。

ここで、「はじめ―なか―おわり」という構造について触れておこう。

「どうぶつの　赤ちゃん」とは、ずいぶん抽象度の高い題名である。ライオンとしまうまの事例のみで片付くような内容ではありえない。この教材の最終段落に、例えば、「このように」というような表現で始まるまとめを書き、「はじめ―なか―おわり」という基本型にすることが可能であろうか。

授業研究のために出かけている公立小学校で、この教材を初読した女児が、思わず、「この教材はおかしい。『どうぶつの　赤ちゃん』という題なのに、『ライオン』と『しまうま』の赤ちゃんのことしか書いていない。」とつぶやいた。私は、彼女に、今言ったことを書き留めて、学習課題にしようと促したのであるが、この教材の問題点を鋭く突いている。二種類の動物の赤ちゃんのみで、「動物一般」の赤ちゃんとしてのまとめ（おわり）を書くことは不可能である。つまり、この教材文を、「はじめ―なか―おわり」の構造にすることは不可能に近いのである。

一方、「じどう車くらべ」は、教材文では、「問い―答え」の構造になっているが、本文のまとめとしての「おわり」を書くことが不可能ではない。しかし、まとめの機能を持つ「おわり」を書いたり読んだりすることには、抽象化が必要である。「問い―答え」という分かりやすい構造に比して、抽象的思考を必要とする。「じどう車くらべ」が、第一学年上巻の教科書教材であるのに対して、「いろいろな　ふね」が、同学年下巻の教材であることと関係があるかもしれないが、詳細は不明である。

3　「評価読み」の呼称――「確認読み」と「評価読み」の関係

既に説明したように、実の場で行われている読むという行為の根幹は、読みの対象を吟味・評価することであり、その活動を公正なものにするために確認を主とする読みが存在する。従って、評価読みと確認読みは、活動のありようとしては共存し、相互に働きかけ合う存在ではありながら、性格を異にする活動と考えることができる。

しかし、ここで、「共存」、「相互関係」ということを、改めて検討し、「評価読み」の呼称について、整理しておきたい。

私が見聞した限りでは、実践現場で主流となっている考えは、「まず確認読みを、しかる後に吟味・評価の読みを」というものが多いのではないであろうか。このような考え方は、従来の確認読み主流の実践の上に、吟味・評価の読みを付け加える（発展的に位置づける）という、比較的単純な仕組みを構築することにつながるので、これまでの実践との間にさしたる違和感がないという意味で受け容れやすいのであろう。このような取り組みを一概に否定することはできないが、多くの場合、苦労が多い反面、成果が生まれにくいということも事実である。その理由について、考察しておきたい。

読み手が、自己を空しくして読み物に対する、読み浸るという姿は、それ自体は書き手や文章・作品に対する姿勢として是認されてよいものではある。それは、読み手の雑駁な読みや恣意的な読みを防ぐという意味では正しいのである。しかし、このような読みは、ややもすると書き手と、読みの対象である文章・作品を尊重することに傾いて、読み手の論理から離れてしまいがちである。私たちは、書き手や読み物を尊重すると同時に、読み手である自らの論理を大切にしなくてはならない。多くの読みは、自らが、自らの興味・関心、必要、能力等に従って、選択し、自らのために行う行為だからである。教科書教材であっても、根本は変わらない。教科書編集者は、偶然の出会いという限界はありながらも、読み手である児童、生徒の興味・関心、必要、能力を念頭に置いて、教材候補を吟味し、カリキュラムとして位置づけ、可能な限り、必然的な行為を実現できる環境を整えようとしている。実生活における読みの原理に基づく読みの活動（受け容れるだけでなく、吟味・評価し、対象を越える読みの行為）を、国語教室内で展開することは、さして困難ではない。

読み手の論理を大切にする読みは、どこから始まると考えるのがよいのか。それは、確認読みを完了した時点ではない。教材の題名や筆者名に接したその時から、始まると考えてよい。

小学校二年生用教材に、「たんぽぽ」（ひらやま　かずこ。教材文は、巻末に掲げる。）という説明文がある。この教材に、偶然出会うことになる二年生の児童は、まず題名に触れて、これまでの生活経験に基づいて、たんぽぽに関する、さまざまな知識やイメージを喚起することになる。これが読みの入り口であり、エネルギー源である。この題になっている事象について、私は、こんなことを知っている、こんな疑問を持っている、こういうことを書いてほしい、さらには、私ならこんなことを説明したい、などの多様な反応が生まれるであろう。このような反応が皆無のままに読みを始めることは不可能であり、もしも、機械的に読みを開始したとすれば、本来の意味における読みの成立する契機を欠いた行為であるというほかはない。

この教材の冒頭段落は、上のようになっている。たんぽぽの紹介は、まず、その根の丈夫であることから始まっている。丈夫であることの原因が、過酷な状態でも「根」が生きているから新しい葉を再生可能なのだという因果関係の説明がされている。次の段落は、さらに、その根の構造についての説明が続く。

> たんぽぽは　じょうぶな　草です。はが　ふまれたり、つみとられたり　しても、また　生えて　きます。ねが　生きて　いて、新しい　はを　つくり出すのです。

> たんぽぽの　ねを　ほって　みました。長い　ねです。百センチメートルいじょうの　ものも　ありました。

児童の知っているたんぽぽは、あの小さな、黄色や白の「花」であることが多いかもしれない。とするなら、この説明文は、児童にとっては意外なことから始められているということになるかもしれない。たんぽぽの根のことについて知識を持たなかった児童には、驚嘆すべき事実であるかもしれない。また、植物に詳しい児童の中には、既に、このことを知っていたり、絵本で、同じ筆者の説明に触れていたりする者があるかもしれない。このような反応は、題名に触れた段階で、読み手である児童に、「あなたたちは、今日から勉強することになっている『たんぽぽ』について、どんなことを知っていますか。」と尋ね、自らの内部に存在する（多くの場合は意識下に沈んでいるかもしれない）知識や、問題意識、願望や技能を掘り起こしておくことによって可能になる。この場合の吟味・評価、意味づけ等の基準は、まずは、自らの経験や知識である。自分自身の経験や知識（さらに加えるなら問題意識や願望や技能など）を抜きにして、情報の吟味・評価の活動は始まらない。その意味で、題名との出会いは、極めて重要な意味をもつのである。

ところで、同じ第二学年用教材として、『たんぽぽの　ちえ』という教材がある。（教材文は巻末に掲げる。）その題名は、「……のちえ」とあり、前出の「たんぽぽ」とは、既に異なっており、反応も異なったものになるはずである。この擬人化は、従来、さまざまに論議されている。自然科学的な説明文によって、科学的思考を養おうとするなら、擬人化という比喩の方法に依拠することはふさわしくないというのである。本文中の擬人化の部分に手を入れるということもあったが、題名は、「たんぽぽのちえ」のまま残った。本教材の題名に触れた児童は、物語を読む態勢をとるかもしれない。筆者の工夫の結果であるから、それは致し方ないであろう。

前掲の教材「たんぽぽ」と比較すると、本教材の場合には、冒頭の段落の内容が異なっていることが、直ちに判明する。

春に　なると、たんぽぽの　黄色い　きれいな　花が　さきます。

いきなり、「花」に焦点が当てられており、この教材には、前掲教材が、たんぽぽの丈夫な理由として力を入れた「根」についての記述はない。すべてが「じく」より上のことである。

先に、吟味・評価、意味づけ等の基準は、まずは、自らの経験や知識であると書いた。次には、ここに見られるように、同一題材（説明の対象が同一の）教材相互の比較により、それぞれの教材の特徴や問題を明らかにするという方法がある。教科書の単元構造から、このようなことが可能になる機会に多くは恵まれないが、投げ入れ教材を利用することで可能になる。昨今は、児童、生徒向けの説明文、解説文が増加しており、これに、百科事典等の情報源を加えるなら、同一題材の文章を比較するという行為を実現することは、さほど困難ではないともいえる。

かつて、成人に、複数の新聞を購読することが推奨されていたことがある。新聞が安価ではないことや、様々な情報の入手の方法のある現在では耳にすることが少なくなったが、ここに言う、教材相互の比較による特徴や問題の把握ということと同じ性格のものである。実の場における読みのために、内容あるいは説明の論理に共通性や違いのある資料が、常に用意されているということは稀である。したがって、自らが持ち合わせているものを手がかりに（それと比較、関係づけしつつ）、主たる情報を読み解き、吟味・評価しなくてはならないのであるが、そのような力を身につける基礎的段階としては、指導者によるこのような配慮が必要かつ有効である。

「評価読み」は、これまで説明してきたように、「確認読み」と無関係ではない。むしろ、質の高い「評価読み」をするためには、これも質の高い「確認読み」が必須である。両者が絡み合って、実際の読みが始められ、進められ、完了するのである。

このような関係を念頭に置きながら、「評価読み」と「確認読み」の関係と呼称をまとめておこう。

狭義の「評価読み」とは、「確認読み」と区別された吟味・評価の読みのことである。このようにとらえる「評価読み」が最も理解しやすい。しかし、現場において実践されている「評価読み」を見ると、「確認読み」と「評価読み」の双方を包み込んでいることが多い。従来の読解には限界があるとして、吟味・評価の読みを志向する場合、望ましい読みを代表するものとして「評価読み」という言葉を使っているのである。これは、いわば、広義の「評価読み」である。実際には、「確認読み」と「評価読み」は、絡み合うような関係にあり、完全に「確認読み」を切り離した形での「評価読み」を目指すことはほとんどない。したがって、「確認読み」との違いを明らかにするためには狭義の「評価読み」を用い、実の場原理での読みを表す用語としては、「確認読み」を含みつつ、吟味・評価をするものとして、広義の「評価読み」を用いることが分かりやすい。

読みの進行過程における「確認読み」と「評価読み」の関係を図示すると次のようになる。広義の「評価読み」とは、この図の内容のすべてを指す。

読みの活動	活動の性格、特徴
題名読み	評価の前提・評価のエネルギー源
通　読	教材との初めての出会い。反応過程
⇩ 精　読	題名読み、通読段階での反応の確認及び解決等 新しい反応と評価
⇩ まとめ読み	評価活動の評価と発展的活動

評　価＞確　認　⇨　確　認＞評　価　⇨　評　価＞確　認

【注】

1　森田信義、『説明的文章教育の目標と内容——何を、なぜ教えるのか——』、溪水社、一九九八、六一～六四頁

第四章 「評価読み」の能力構造

1 『学習指導要領 国語編』に見る読みの能力（読解基礎、基本能力）の仕組み

最新（平成二〇年版）の『学習指導要領 国語編』の教科目標は、次の通りである。

「国語を適切に表現し正確に理解する能力を育成し、伝え合う力を高めるとともに、思考力や想像力及び言語感覚を養い、国語に対する関心を深め国語を尊重する態度を育てる。」

現場における多くの授業実践に照らして見るとき、授業は、この目標の中の「正確に理解する能力」の育成を最重要視しているように見える。無論、教科目標の下には、学年目標があり、さらに目標達成のための内容である指導事項があり、単純ではないが、創造的な読み、個性的な読み、豊かな読み、多様な読みということを特性とする読み（これらを「評価読み」の範疇にあるものとしておく）に比して、叙述に即して正確に読むという「確認読み」に傾斜した読みを追求してきたと考えて大きな誤りはないであろう。平成二〇年版の『学習指導要領』は、OECDのPISA調査の結果を念頭に置いて、改訂作業が進められたはずであるが、結果として、従来と大差のない性格のものになっている。

ここまでに、繰り返し説明してきたように、叙述に即して正確に読むという「確認（のための）読み」は、大切である。

したがって、『学習指導要領』の構造が、正確な理解を重視していることは、当然であるともいえる。しかし、「正確に理解する能力」（つまり、読解のための基礎的、基本的能力）を最重要視する読みの指導によっては欠落してしまう読みというものがあるという事実を押さえておかなくては、読むという魅力的な活動の重要な面を忘れてしまうことになる。

叙述に即して正確に読むための技能とは、どのような内容のものであろうか。既に明らかにしたように、かつて、『学習指導要領』における小学校の学年段階が、一学年ごとに示されていた際には、各学年の読むことの学習指導目標の核心部分は、ほぼ次のような内容のものであった。

「大体」（第一学年）、「順序」（第二学年）、「要点」（第三学年）、「段落相互の関係」（第四学年）、「主題・要旨」（第五学年）、「目的や種類に応じて」（第六学年）

これらの他に、「読書」に関する目標も掲げられているが、それは、態度、意欲、習慣等、情意的目標が中心になっていた。

二学年を括って提示するようになった『学習指導要領』でも、基本的に、この構造に変わりはない。ただし、学年目標を達成するための指導内容（指導事項）として示されたものの中に、わずかに、「自分の考え」をまとめたり、一人一人の考え方や感じ方の違いに気づいたり、自分の考えを広げたりするというものがあるということには、今後の読みの指導改善の糸口になる可能性もあるので、注意しておきたい。

2　「認識諸能力」と読むこと

読むという行為は、ものごとに対する見方、考え方、感じ方を変容する機能を持っている。文章、作品を読むことによって、読みの基礎的、基本的技能や知識を習得できるだけでなく、文章、作品の内容や、書き手と触れあうことによって、読み手は、自分のものの見方、考え方、感じ方に影響を受ける。このような分野における能力を析出することはできないであろうか。

このことに関して、最も明確な提案をしているのは、文芸教育研究協議会の主宰者、西郷竹彦である。西郷は、例えば、小学校段階における「認識・表現能力」として、上のような能力を挙げている。（注1）

○観点―目的意識、問題意識、価値意識
○比較―分析・総合　わける―まとめる
　類似性、同一性―類比（反復）
　相違性――――対比
○順序　展開、過程、変化、発展
　時間、空間、因果、信条、思考、論理、意味
○理由
　事象―感想、意見、根拠、原因、実証的
○類別（分類、区別、特徴）
　特殊・具体↔一般・普遍
○仮定（条件）
○構造、関係、機能
○仮説　必然性をふまえて過去、未来を予測する
○選択（効果・工夫）
○関連、相関、類推

認識の方法の系統として示された上図の内容の細部については、分かりにくいものもあるが、少なくとも、これらは、『学習指導要領』の目標や指導事項として掲げられた、読みの技能とは別種のものである。

新しい『学習指導要領』の作成に先立って、「論理的思考力」や「論理的表現力」の育成が叫ばれたが、そのような要求に応えるためには、ものの見方、考え方、感じ方の力、すなわち認識能力に着目せざるを得ない。

既に例示した「いろいろな　ふね」や「じどう車くらべ」の読みの指導に際しては、「大体」や「順序」を読むことに終始するのでなく、「比較」して、「類似性」「相違性」を明

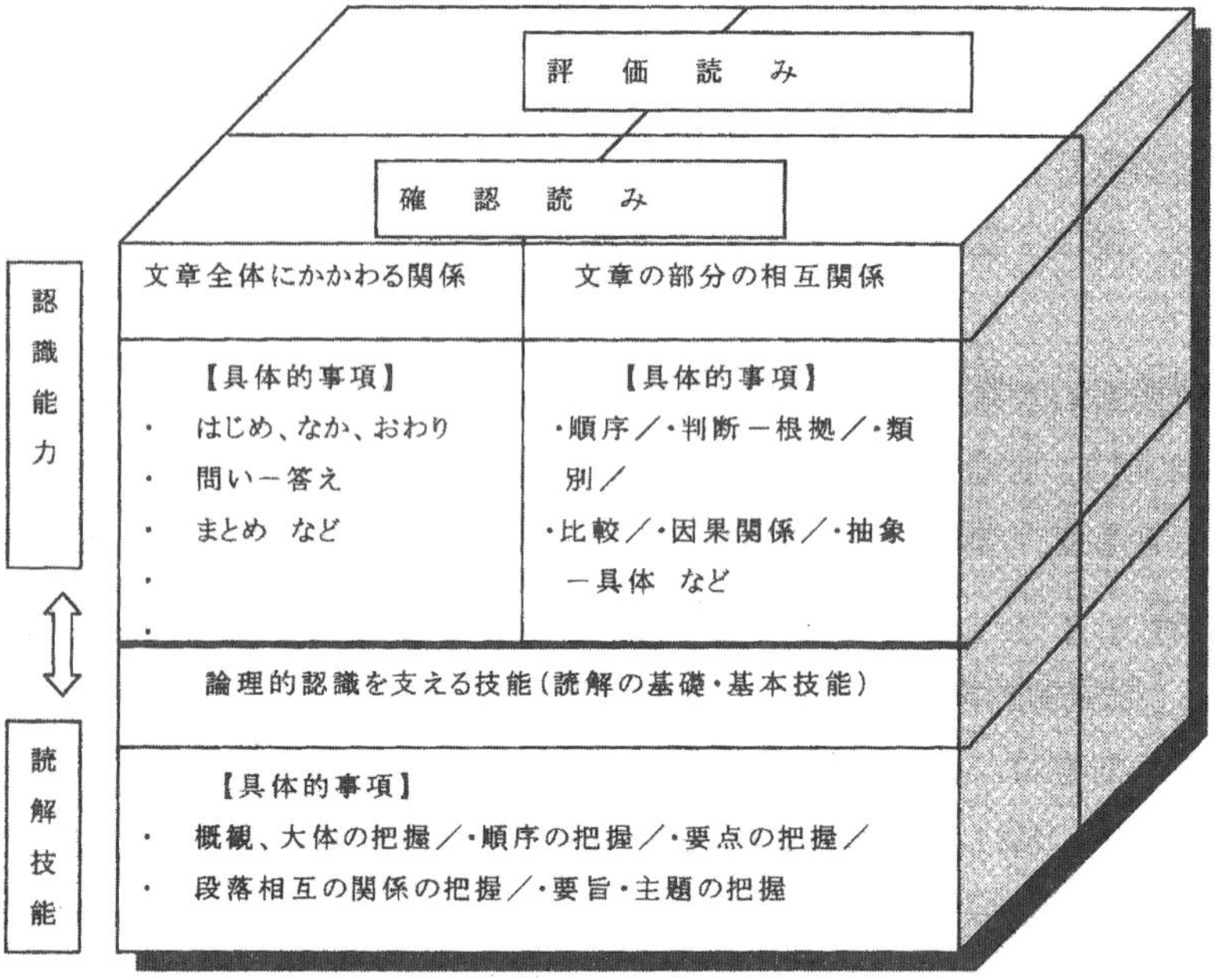

（認識、読解の両能力ともに、スパイラル構造（どの学年も同じ種類の能力を学習する）であり、学習指導要領の学年目標のような「積み上げ構造とは異なる。）

らかにしたり、「類別」したり、「関連づけ」をしたり、「類推」したりという、従来の読みの指導とは違った、豊かな世界が拓かれることになりはしないだろうか。授業の実際では、児童は、このような世界に既に入り込んでいることが多い。

むろん、ものの見方、考え方、感じ方の育成には、言葉によって書かれた文章の正確な読みを必要としないわけではない。このように考えるなら、読解基礎、基本能力と認識能力とを統合する視点が必要になってくる。

読みの能力構造として、上のような図を掲げておこう。(注2)

この立方体の前面には、能力の種類二つがあり、下段が、『学習指導要領』の指導内容に代表される読解の基礎的、基本的能力群であり、上段が、論理的認識能力の内容である。

立方体には奥行きがある。前半分を「確認読み」の能力群、後ろ（奥）の半分を「評価読み」の能力群が占めている。説明的文章の読みとは、ここに掲げたすべての能力を必要とする行為である。しかし、従来の学校における説明的文章教育においては、主として、前面下段、奥行きとしては前半分の部分、つまり、能力全体のうちのわずかに四分の一を指導していたということになる。

前面上段について、説明を補足しておこう。ここに掲げたものは、論理に関する認識能力である。「論理」については様々な説明の仕方があるが、児童、生徒にも響くことばとして、「ものごとともののごととの関係」を指すものとしておきたい。

文章に表れる、その「関係」には、文章全体の規模でとらえられるものと、文章の部分内においてとらえられるものとがある。その具体的内容の一部は、図中に【具体的事項】として提示している。いささか単純に過ぎるように見えるかもしれないが、必要に応じて（教材研究や授業の過程や結果において補足すべきであると考えられるものについては）補足されたい。しかし、小学生や中学生が説明的文章を読むに際して必要とする論理や、彼らが身につけることが望ましい論理は、さほど複雑である必要はない。実生活の場で機能している「論理」に照らして見れば、いたずらに複雑で高度な論理を求めるよりは、基本的なものを確実に習得することを重視するのがよいともいえる。さらに、この図中に掲げた、一見単純で基本的とも思える能力群それぞれについても、質に関しては様々なレベルがあることを念頭においてとらえたい。例えば、「因果関係」といっても、小学校低学年の教材におけるものと、小学校の高学年の教材を構成するものとでは難度が異なることはいうまでもない。

【注】

1　西郷竹彦、「この学年でどんな力を育てるか」、「文芸教育」誌、四五増大号、明治図書、一九八五、二、二七頁

2　森田信義、「説明的文章の読みの能力構造論――『評価読み』を中心に――」、「鈴峯女子短期大学人文社会科学研究集報」、第五五集、二〇〇八、一二、七頁

第五章　評価読みによる教材研究法

1　教材研究と「評価読み」

教材をどう読むかということが、授業の質に直結すると言えば反論があるかもしれない。変化してやまない、多様な能力水準の学習者を相手にした授業は、教材研究の段階ですべてを見通せるわけではなく、授業は生きものであるという意見もあるからである。にもかかわらず、教材研究の質は、授業の成否に極めて大きな関わりを持っている。授業の欠陥の大半は、指導者が教材の構造や質をつかみかねていることが原因になっている。これは、長年、研究授業に参加し、数多くの実践を観察し、分析した結果に基づく判断である。

教材研究という読みは、一般に楽しいものではないと考えられているが、「評価読み」の授業を目指す指導者による教材の読みは、刺激的で面白いもののようである。「教科書教材は奥が深く、読めば読むほど新しく気づかされることがある」「同じ教材でも、今年は、また、別の読み方ができる。分かるということの奥深さに気づいた」などという感想を耳にすることが稀でなくなった。

「評価読み」に基づく教材研究は、教材の表現をなぞり、正確に理解することで終了するのでなく、教材を吟味・評価し、読者の立場から意味づけるという行為であり、本来の意味における読みを実行することを意味する。

児童もそれぞれに、評価の読みをし、彼らなりに吟味・評価し、意味づけや改作をすることになり、指導者は、彼らと、これまでの「正確さ」とは別の基準で対応しなくてはならず、その緊張感が、授業を活性化する。教材研究の段階で、指導者は、自らの評価読みを実現するだけでなく、児童・生徒の多様な評価読みまで視野に入れて授業に先立つ読みを遂行することになる。大変ではあるけれども、楽しい、面白いという理由は、ここにある。

2　教材研究の観点

説明的文章教材を構成する要素は、「ことがら・内容」、「言語表現」、「論理」である。「何が」、「どのような言葉で」、「どういう説明の仕方で」書かれているのか。「評価読み」の立場では、さらに、筆者は、「何を」、「どのような言葉で」、「どのような説明の方法・工夫で」書いているのかということを把握し、吟味・評価することが、教材研究の内容である。

三つの要素のうち、「ことがら・内容」と「言語表現」は、文章から直接に読み取ることができる。筆者が、「何を」、「どのように」書いているのかを把握することは、具体的な手がかりが教材の中にあり、分かりやすい活動と言える。しかし、「論理」は、他の二つほど明確ではない。「ことがら・内容」と「言語表現」を手がかりにして、「論理」という目に見えないものを探り当てなくてはならない。そして、説明的文章教育の重要な目標が、論理的なものの見方、考え方、感じ方（認識の仕方、認識力）を育成することにあるのなら、目に見えない、探り当てなくてはならない存在である「論理」もまた、重要な存在である。

これまで、「論理」が無視されると言うことはなかったであろうが、説明的文章の命に関わるものであるという認識も希薄だったのではなかろうか。

「ことがら・内容」と「言語表現」を手がかりに、ものごとものごととの関係である「論理」をとらえ、それらを吟味・評価することをめざすための読みが教材研究であるということが分かったとして、具体的にどのようにすればよいのであろうか。しかも、教材研究という、一般的に多くの時間を要する活動を、さらに過酷なものにしないようにするためには、どのような手立てがあるのであろうか。

教材研究としての読みには、多くの時間と労力が費やされてきた。何回読んでも授業の見通しが立たない、自分の読みに自信がない、いや読めば読むほど分からなくなる、他の指導者の読みとかみ合わない、など苦労が多かった。しかし、実の場の読みは、教科書教材程度の文章であれば、一〇分足らずで読み終えてしまう。何度も、時には何日もかけなくてはならないような読みは、実の場には適用できない読みである。読みの基礎、基本を指導する責任があるとはいえ、学校における読みも、実の場の原理に立つものでなくてはならない。であれば、教材研究という読みも、実の場の原理に立つ、合理的な読みでなくてはならない。できるだけ短時間に、効率的、合理的に読みを進め、授業の見通しを立てたい。

近年、いろいろな学校で、次に示すような教材研究用書式（ワークシート）を利用している。

教材文	ことがら・内容	言語表現	論理
題名			
①○○○○○……			
②○○○○○……			

最上段には、教材文そのものを、その下に、「ことがら・内容」（教材の内容の要点）、「言語表現」（注目すべき表現／重要語句、論理構築、論理把握の指標となる表現など）、そして「論理」（「ことがら・内容」相互の関係、文章全体の論理構造）を記入する欄を設けている。特に、「ことがら・内容」と「言語表現」の欄への書き込みは、さして難しくはない。この難度の低いものを手がかりに、「ことがら・内容」、「言語表現」ほどにとらえやすくはない「論理」に迫ろうとしている。ここには、教材研究用の書式として掲げたのであるが、学習指導に直接持ち込んでも違和感はない。児童、生徒が説明的文章を、確認し、吟味・評価するための観点を示し、様々な文章を読む際に応用できるものである。

ところで、この書式（ワークシート）にしたがって書き込みをしたものは、「確認読み」の性格の強いものである。筆者が文章作成に際して、どのような「ことがら・内容」を選定し、どのような「言語表現」をしているのか。また、それらの「ことがら・内容」によって、どのような論理が構築され、どのような説明の展開上の工夫がしているのかを、確認的にとらえることが、当面の目的になるかもしれない。それは、それとして重要なことではある。しかし、それが、最終到達目標ではない。

読みの最終到達目標とは、これらの書き込みを手がかりにしながら、このように作られた説明的文章の仕組みを確認し、さらにはその質を吟味・評価すること、その活動を通して、読み手自らが論理的にものごとをとらえることのできる存在として成長することにある。このような活動から、論理的に表現する主体としても成長できる。

具体的な教材を用いた事例を、次頁に掲げて、説明を加えておこう。

このワークシートは、「確認読み」の性格の強いものであると言った。であるなら、このようにとらえた教材の内容、言語形式、論理を吟味・評価する行為を展開しなくてはならない。

「ことがら・内容」、「言語表現」、「論理」のそれぞれについて、吟味・評価することも不可能ではない。しかし、具体的なものとして把握が可能な「ことがら・内容」と「言語表現」は、具体的な存在の背後にあって、教材全体を統括する「論理」に帰着する、あるいは「論理」に支配、統合されている。したがって、「論理」を最重要な吟味・評価の対象に据えて、それとの関係で、「ことがら・内容」、「言語表現」の吟味・評価を進めることがよいと考える。

その活動を、ワークシートの書き込みに即して実践してみよう。

教材「すがたをかえる大豆」は、文章全体が、「はじめ」―「なか」―「おわり」という構造を持っているように見える。筆者もそのつもりで書いたのであろう。この構造の吟味・評価から始めてみよう。

ワークシートには、「はじめ」―「なか一、なか二」―「おわり（まとめ）」としている。「なか」の部分が二つになっているのは、次の理由による。

「なか一」は、「ダイズが十分に育」ち、「かたくな」った種＝「大豆」を、いろいろ手を加えて、おいしく食べられるようにする工夫を四例書いている。ところが、「なか二」は、「大豆」という固い種になる前にとり入れて食べる工夫を書いている。第②段落（はじめ）は、事例（くふう）1～4までを支配しているが、「なか2」の工夫には対応していない。第⑧段落のまとめは、「このように、大豆は……」と、「大豆」に対する「くふう」になっているので、「なか二」とした第⑦段落は、文章全体の論理構造から、外れてしまう。おざなりに、「はじめ」―「なか」―「おわり」の構造としてとらえてしまえば、この問題は浮上しないが、「はじめ」と「おわり」に挟まれた「なか」を論理的にとらえるなら、問題を抱えていることになる。

では、どのように考えればよいのか。授業の中で学習者から出た意見は、「第⑧段落の後に、持ってくるとよい。」

すがたをかえる大豆

国分牧衛

①わたしたちの毎日の食事には、肉・やさいなど、さまざまな材料が調理されて出てきます。その中で、ごはんになる米、パンやめん類になる麦のほかにも、多くの人がほとんど毎日口にしているものがあります。なんだか分かりますか。それは大豆です。大豆がそれほど食べられていることは、意外と知られていません。大豆は、いろいろな食品にすがたをかえていることが多いので気づかれないのです。

②大豆は、ダイズという植物のたねです。えだについたさやの中に、二つか三つのたねが入っています。ダイズが十分に育つと、さやの中のたねはかたくなります。これが、わたしたちが知っている大豆です。かたい大豆は、そのままでは食べにくく、消化もよくありません。そのため、いろいろ手をくわえて、おいしく食べるくふうをしています。

③いちばん分かりやすいのは、大豆をその形のままいったり、にたりして、やわらかく、おいしくするくふうです。いると、豆まきに使う豆になります。水につけてやわらかくしてからにると、に豆になります。正月のおせち料理に使われる黒豆も、に豆の一つです。に豆には、黒、茶、白など、いろいろな色の大豆が使われます。

④次に、こなにひいて食べるくふうがあります。もちやだんごにかけるきなこは、大豆をいって、こなにひいたものです。

⑤また、大豆にふくまれる大切なえいようだけを取り出して、ちがう食品にするくふうもあります。水をいっぱいにすいこんだ大豆をすりつぶすと、白っぽいしるが出てきます。これに水をくわえて熱

ことがら・内容

毎日の食事で多くの人がほとんど毎日口にしているものなんだかわかりますか　（問いかけ）

←

大豆　気づかない

→

いろいろな食品にすがたをかえているから

大豆→食物

ダイズ→植物のたね

かたい・消化もよくない

←

手をくわえておいしく食べる

①いったり、にたりする

やわらかく、おいしくする工夫

・豆まきの豆―いる

・に豆→にる

いろいろな入りの大豆

（黒、茶、白）

②いって、こなにひく

・きなこ

③大切なえいようだけを取り出してちがう食品にする

・とうふ

すりつぶす、熱する、しぼり出す、かためる（に

言語表現（特に注目すべき表現）

―ます。(25)

―か。(1)

―です。(10)

その中で

なんだかわかりますか。

それは大豆です。

ダイズ

大豆

いろいろ手をくわえて―食べるくふう

いちばん分かりやすい

←

次に

←

また

――

論理（関係）

はじめ―①、②

なか―③～⑥、二―⑦

おわり―⑧、⑨

はじめ

①話題提示　問いかけ→答え

②・大豆の説明

・知られていないわけ（理由）

中

中一　固くなったものを食べやすくする工夫

ダイズと大豆の関係

大豆に対して

工夫1

分かりやすい

工夫2

工夫3

します。その後、ぬのを使って中身をしぼり出し、かためるためにニガリというものをくわえます。こうすると、とうふができあがります。

⑥さらに、目に見えない小さな生物の力をかりて、ちがう食品にするくふうもあります。ナットウキンの力をかりたのが、なっとうです。むした大豆にナットウキンをくわえ、あたたかい場所に一日近くおいて作ります。コウジカビの力をかりたものが、みそやしょうゆです。みそを作るには、まず、むした米か麦にコウジカビをまぜたものを用意します。それと、しおを、にてつぶした大豆にくわえてまぜ合わせます。ふたをして、風通しのよい暗い所に半年から一年の間おいておくと、大豆はみそになります。しょうゆも、よくにた作り方をします。

⑦これらのほかに、とり入れる時期や育て方をくふうした食べ方もあります。ダイズを、まだわかくてやわらかいうちにとり入れ、さやごとゆでて食べるのが、えだ豆です。また、ダイズのたねを、日光に当てずに水だけやって育てると、もやしができます。

⑧このように、大豆はいろいろなすがたで食べられています。ほかの作物にくらべて、こんなに多くの食べ方が考えられたのは、大豆が味もよく、畑の肉といわれるくらいたくさんのえいようをふくんでいるからです。そのうえ、やせた土地にも強く、育てやすいことから、多くの地いきで植えられたためでもあります。

⑨大豆のよいところに気づき、食事に取り入れてきた昔の人々のちえにおどろかされます。

（三年生用教材）

がり）→とうふ

④目に見えない小さな生物の力をかりてちがう食品にする
・納豆
・みそやしょうゆ
むす、ナットウキン、あたたかい場所へ一日→納豆
蒸した米か麦、こうじかび、塩とにた大豆をまぜ合わせる、風通しのよい暗い場所半年から一年→みそやしょうゆ

⑤とり入れる時期や育て方を工夫／ダイズ（植物）として考えている
・やわらかいうちにとり入れる（えだ豆）
・日光に当てずに水だけで育てる（もやし）

このようにいろいろなすがたで食べられる
←
・あじもよく、たくさんのえいようをふくむ
・育てやすい。
←
多くの地域で植えられアタため

昔の人々のちえにおどろかされる

さらに ←

これらのほかに ←

また

このように

―からです
そのうえ

―ためでもあります。

工夫４ ←

分かりにくい ←

中二 ←

固くしない工夫

ダイズに対して
工夫５？

おわり（まとめ）
いろいろなすがたよく食べられるわけ

補足・筆者の感想

というものであったが、それも一理ある。第⑦段落を削除すれば、分かりやすく、典型的な「はじめ」―「なか」―「おわり」になる。第三学年の児童には、そのような典型的で分かりやすい論理構造、文章構造を指導するのがよいであろう。しかし、このような問題把握自体が、立派に「評価読み」としての説明的文章の学習行為になっている。

この他に、教材の題名が、「すがたをかえる大豆」であるから、十分に育って固くなった種である「大豆」に焦点を当てた文章である。大豆を食べやすくする方法が中心であり、「ダイズ」を固くなる前に食べる方法（とり入れる時期や育て方の工夫によって）を補足的説明として入れてしまったと考えることも不可能ではない。とはいえ、第⑧段落では、全く第⑦段落を無視したまとめをしていることから考えて、賢明な説明とは言い難い。「おわり」に位置する段落の構造についても、吟味しておこう。第⑧段落は、「このように、大豆はいろいろなすがたで食べられています。」として、第③から第⑥段落をまとめている。第⑧段落の第二文以降は、第一文の理由（わけ）を書いていることが分かる。

では、第⑨段落は、どのような役割を果たしているのであろうか。説明的文章教材の「おわり」の部分は、しばしばこのような構造になっている。その内容は、いくらか教訓性を含む、筆者の思いが書かれており、論理的帰結とは言えない。こういう段落を文章の終わりに置いて悪いとは言えないが、論理を学習する上では、問題がある。この段落は、筆者の感想であり、論理よりは情意に支えられている。筆者は書きたかったのであろうし、それを許容するとしても、論理構造という点からは、存在しなくても構わないと言ってよい。本教材の場合、「昔の人々のちえ」など、どことも対応していないことを見れば、このことが了解できるであろう。論理的な「おわり」（まとめ）とするためには、「なか」のどこかに、「昔の人々のちえ」に支えられた工夫について、書き込んでおく必要があったのである。

「なか」に目を移してみよう。

「なか」には、具体的な工夫の事例四つを取り上げている。複数の事例がある場合には、その配列には、何らかの理由があるはずである。その理由を探る手がかりは、第③段落の「いちばん分かりやすいのは、……」である。つまり「分かりやすい」順に並べようとしているのである。

四つの事例の順序を示す表現（論理指標表現）は、次の図の通りである。

いちばんわかりやすい → 次に → また → さらに

これらの手がかりによって、事例相互の関係をつかもうとすると、前述の通りである。いちばん分かりやすいのは、「大豆をその形のまま」料理するのであり、次に、粉に挽くという素朴な加工を挙げている。これら二つの事例に対して、第三、第四の事例は、栄養分の抽出、微生物を利用して、原料とは違う食品にするという複雑な加工をしている。

この関係を示すのに、上記の図のような言葉を使用することが最も適切であるのかどうか、例えば、「いちばん分かりやすいのは」→「また」→「次に」→「さらに」という表現の仕方の方が分かりやすいかもしれないなどの疑問はあるが、加工の単純→複雑ということから、四つの事例の関係づけを理解することはできる。

ここでの教材研究は、「論理」を最重要な手がかりにしながら、それとの関係で、「ことがら・内容」、「言語表現」を俎上に挙げて、教材の特徴と問題・課題を明らかにしたものである。「ことがら・内容」に入り込んで、理科の授業のようになる危険性や、言語表現に特化して、言葉の形式的操作に陥ることを避けるためにも、これら二つの結晶点である「論理」との関係を点検しつつ、説明的文章教材の重要な任務から外れることのない吟味・評価をしていきたい。

説明的文章教材に偏りや欠落というような問題があることは、嘆くに及ばない。人間が書く文章であってみれば完璧などということはありえない。本教材も、いくつかの問題があるにしても、そのこと自体が優れた学習の対象になるのであり、実際、「評価読み」の授業において、学習者は、意欲的に教材に取り組み、多くのことを学んでいる。最大の問題は、指導者が、教材に個性や問題があることを認識しないで、学習者に正確な理解を強要することである。そのような危険性を防ぐためにも、授業に先立つ読みである教材研究では、精一杯の吟味・評価の読みを実現したい。

【注】

1　福山市立旭丘小学校における教材研究資料の一部。

第六章 「評価読み」の指導方法

1 説明的文章教材の学習指導過程構築の前提

説明的文章教材の学習指導過程の構築に際して、一読（総合）法及び三読（多読）法の理論に目を向けておこう。一読（総合）法は、児童言語研究会（児言研）が提唱し、実践している考え方である。教材全体を、通読という方法で読み重ねるのでなく、教材の部分を時間軸に沿って読み継いで、最終的には教材全体に及ぶという発想に立つ学習指導過程である。私たちが、国語教室以外の場で、通常実行している読みは、このような行為を原理にしている。その意味では、実生活に近い読み、いわば「生活読み」の原理に近いものということができる。

一方、三読法は、このような一読法によるのでなく、一般的には、文章全体を通読するという行為を、層を重ねるように行い、全体を確かに、深く読むことを目指している。日常生活の読みとは原理的に異なるという意味では「学習読み」ということができる。教材全体の通読を、「通読」、「精読」、「まとめ読み」というように三回以上重ねて読むことから、三層読み、あるいは多層読み、多読法などと呼ばれる。

日常生活では一読法を原理にする読みが普通に行われているのに対して、国語科教育の現場では、三読法が一般的である。一読（総合）法の立場と三読法の立場は、二者択一という選択の方法を採るなら、相容れないものとして対立せざるを得ないであろう。

児言研が、三読法を批判するポイントの一つは、当然のことながら、「通読」という行為に関するものである。児言研による、一次読みとしての通読の批判を、次に紹介しておこう。

「○第一次通読の心理的妨害について――第一次読み（通読）をやってしまうと、つぎの欠点が生まれそれが固定されてしまっているのです――(1)第一次は通読だから、さーっと筋を拾って読む、(2)しかも、そのひとつによってそういう粗末な読みによって筋が分かる結果、第二次読み（精読）といっても、既にわかってしまった筋を再び追って、それがどこでどうしてそうなったかをたどり返すに過ぎない読み返しにされてしまう。(3)このことは、次の心理に暗いところから来ており、しかも守りつづけられているのです――読みによっては第一読こそ、文字表現を見る↔内容喚起という、この最も反応の生動する唯一の機会を自分自らが捨て去って省みない、そういうことを国語教育の大切な場面に固定して適用してしまっている。(4)したがって、大切な精読は常に内容の発展においては「二番煎じ」にしか行われない。そのようなところでは、もはやその作品に対する興味は消え失せて、ただ教師のひとり芝居が待つだけなのです。」（注1）

三読法による読みの実践指導において、ここに批判されているような通読も行われていることは否定できない。しかし、わが国のほとんどの実践現場で、三読法が採用されていることを考えると、この問題をどう克服するのかを考えなくてはならない。

もっとも、私たちは、読みの目的、読みの状況、読みの能力等の要因によって、一読法を採用することもあれば、三読法に拠ることもあるのであって、両者は、必ずしも根本的に対立し続ける存在であるとは考えられない。目的、状況、能力水準、教材の難易度に応じて、一読法、三読法は、適宜選択的に採用されることになり、双方の読みが可能である読者を育成することが、学校における読みの学習指導の目的でなくてはならないということが原則である。そうでなければ、実の場における読みに対応することが難しい。

しかし、わが国の国語教室の実情を考えるとき、三読法に立脚した学習指導過程を原理的に採用しつつ、一読法の立場からの批判を考慮に入れて、望ましい学習指導過程を構築することが現実的である。

児言研は、通読を、「まず、ことがらだけを浮かび上がらせる粗雑な『通読』によってはじまることを固守して……」とも批判している。「粗雑」であるかどうかは別にして、「通読」が、ことがらを浮かび上がらせるというのは、欠点というよりも、読みとしては当たり前とも言えるのである。ここに見る批判は、文学教材を例にとってなされているが、説明的文章においても同様である。

児言研による批判において最も重要な点は、三読法が、「第一次読み（通読）」という、読みの対象との初めての出会いを、生き生きとした反応過程としてとらえ損ねていることにある。三読法であっても、最初の読みである通読が、読み手の最も生き生きとした反応の過程であることは事実である。ややもすれば、文章の概略を読み取って終わるという読みに堕してしまいがちな通読を、反応の過程としてどう活性化するかということが、学習指導過程構築の重要な課題である。

ところで、学習指導過程モデルを、三読法に基づいて構想しようとする立場からは、三読法の主唱者とされる石山脩平の指導過程についての考え方を検証しておく必要があろう。

石山は、『教育的解釋學』では、次のような活動を掲げている。（注2）

通読段階の任務：素読、註解、文章の概観、通読
精読段階の任務：主題の探求・決定、事象の精査及び統一、情調の味得または基礎づけ、解釈的構想作用、形式による自証

味読（鑑賞）段階の任務：朗読、暗誦、感想発表
批評段階の任務：内在的批評、超越的批評

このうちで注目すべきは、「批評段階」の内容であるが、石山は、「批評の要件」として、次のように書いている。
「通読・精読から味読（鑑賞）へと進んできた解釈実践過程は、それが目ざした解釈深化の目標への自然的進展として、最後に『批評』(Kritik) の段階に達する。批評を斯かる意味に於いて最広義の解釈操作の中に定位させることは、やがて批評の要件を想定するものである。即ち批評は第一にその作品自体に内在する立場を標準としてその作品の構造の適否優劣を評価する所の『内在的評価』(Immanente Kritik) を要件とし、第二にはその作品以外の立場を標準としてその作品の性格や優劣を評価する所の『超越的評価』(Transzendente Kritik) を要件とする。」（注3）
さらに、「批評」について、次のような説明がある。
「批評は斯くの如く解釈の自然的進展の中に定位するものでありながら、而もそれ以前の諸段階に比べて固有の特色を有たねばならぬ。それは第一に作品に対する事実判断ではなくして価値判断であること、第二に読む者の立場ではなくて自ら作る者の立場に立つことである。通読・精読といふ狭義の解釈段階は、作者の想が何であるか、またそれが如何に表現されてあるかといふ事実に対する判断であり、鑑賞段階すらこのありのままの事実を読者自らが一層明らかに理会し且つ第三者に伝達するものであり、その場合の感想発表と雖も、この事実をその性格に即して敷衍し発展させるものである。然るに批評は、作者の想のあり方が果たしてあるべき姿にあるか否か、またその表現があるべき形式に於いてなされてゐるか否かを評価する所の『価値判断』である。次に通読・精読にあつては読者は己を空しうして作品の文意を受容れるものであつて飽迄も読む者の態度であり、鑑賞に於いて

作者の立場に合体し作者に代わつて第三者にその文意を伝達する場合と雖も、作者の語らんとする所をそのままに読者が代弁するに過ぎない。然るに先づ内在的批評に於ては、読者からも、『もし自分が作るとしたら』といふ立場に立つて、作者に拘束されざる自由な立場から、自らの想を内在的に構成し、またそれの表現形式を頭に浮べ、それを標準として作者の想及び表現形式を評価するのである。」（注4）

ここにいう「内在的批評」は、「評価読み」と重なる部分が多い。三読法における読者の論理の定位は、必ずしも、三読法が、今日批判されるような、受け身の読み、主体的ならざる読みではなかったことを示しているのである。しかし、二年後の『國語教育論』では、

「『教育的解釋學』に於ては批評段階を、解釈実践過程の最終段階として説いたけれども、これは本来解釈ではないから、今は取りはなして取扱ふことにする。……批評はかうした受容読解の立場を去つて読者自らの創作の立場に立ち、若し自分が作るとしたらいかなる文を作るであらうかを頭に描きつつ、これと比較して、与へられた文の特色長短を検討するのである。」（注5）

として、読むことを、狭義の解釈に限定してしまっている。その結果、読者の論理に対する配慮の希薄な三読法として、児言研から批判されることになったと考えることができる。

しかし、石山の当初の考えのように、批評活動を含む行為であると考えるなら、三読法と言われる読みも、別の姿を取ったはずである。

「評価読み」の学習指導過程を構想するためには、三読法という方法を基本に据えながら、石山が広義の読みと考えた読みの指導過程の原理を活かすことを考えていきたい。

2　学習指導過程モデル

私は、「評価読み」の学習指導過程モデルとして、以下のようなものを構想し、いくつかの小学校の国語教室において実践してもらい、学習指導の前後、学習指導の進行過程に立ち会い、そのモデルの効果や問題点を検証してきている。むろん、一つのモデルが、あらゆる場合に有効であるということはあり得ない。学習指導の目的や、学習者の能力、教材の特性、学習の状況（場面）等によって、様々なものがありうるはずであるが、また、一方で、「評価読み」という立場から、基本的な条件を満たしている、あるいはそのような読みを実現しやすいものの一つとしてモデルを提示することにも意味はあると考えている。

段階・順序	学習指導の内容	備考
1　題名読み	○説明の対象になっている「ものごと」について、読み手の認識のありようを把握する。（・知っていることや知りたいことを書き出してみたり、発表したりする。） ○通読の過程に生じる反応を書きこみながら読み進める。	・読みの構えづくり。 ・左欄の諸活動は、選択して、負担がかからないように配慮すること。
2　全文読み（通読）(1)	○題名読みで予想したことや知りたいことなどを頭に置きながら、教材文の全体を把握するために	・教材本文との最初の出会い。 ・内容・ことがら中心の読み。

	通読する。【内容中心の読みという特色を持つ】	・読みの過程で生まれる反応（プラス評価だけでなく、特に疑問、意見反応を重視）の尊重。 （**主観的**把握段階）
3　全文読み（通読）(2)	○よく分からないところ、とてもよく分かるところに線を引きながら再度読み通す。【特に、言語表現、論理に着目させる】	・再度の通読。 ・反応の記録。この段階では、表現、論理が反応の対象となる。
4　学習課題づくり	○前項の反応（線を施したもの）を整理し、学習課題を作る。 ・「ことがら」／「言葉・表現」／「論理」に分けて課題を整理する。	
5　教材の部分読み（精読）	○教材の全体をいくつかの部分に分ける。（意味段落分け）（「論理指標表現」を手がかりにして） ○部分内部を読み進めながら、前項の学習課題を解決する。 ・書き換え（修正・削除等）を伴う。	・「内容」にかかわる課題を解決しながら、「表現」「論理」の読みに移行。 ・新しい課題の創造。 （**客観的**な読み、根拠を求める読みの段階）
6　教材の全体読み（まとめ読み）	○部分と部分を関係づけながら、学習課題に取り組み、また、新たな学習課題を創造し、解決する。 ○教材文全体を前時までの学習をふまえて総合的にまとめる。学習課題の解決過程及び結果の吟味・評価。	・ことがら・内容、表現、論理のすべてを統合する読み。 （**主体的**読み）

7　発展活動	○教材に対する吟味・評価をまとめる。（評価文・批評文の作成／最後のまとめとしての発表、話し合い等）

この学習指導過程モデルについて、実践事例を交えながら詳しく説明していく。

(1)　題名読みの効果

「題名読み」は、読み手が主体的な立場を確立、維持するために、極めて重要な位置を占めている。私たちが読み物を選ぶ時、あるいは教科書の教材に出会う時、最初に目にするのは、多くの場合「題名」であろう。書物の背には、書名（題名）と筆者・作者名が書かれ、書棚には、その二つが見えるように置かれている。図書館や書店で、私たちが最初に目にするのは、「題名」である。

私たちは、本文の読みに先立って、読者としていろいろな準備をしている。読みの構えを作りつつあると言ってもよい。読み手としての興味・関心、必要性の想起、確認、目の前の、ある題名を持つ書物や文章に関わる既有知識の想起、問題意識の想起など、様々な反応が生じる。これは、私たちが、読者としての主体性を維持しながら、他者の手になる文章や作品に取り組むための準備であり、さらに刺激的な言葉を用いるなら「武装」とも言える行為である。読みの構えづくりなしの読書行為は、主体的なものになりえない。最も望ましい読書は、私たちが選び、私たちが反応し、吟味、評価しつつ読み進め、自らがものの見方、考え方、感じ方の主体として成長するという行為である。このような行為を通して、生きた文脈での言葉の学習も可能になる。

ところが、教科書は、通常、学習者にとって、彼らが主体的に選択し、取り組む存在のものとして立ち現れてはこない。自分ではないだれかによって選ばれ、教科書というカリキュラム、資料集の特定の場所に位置づけられ、学習されることを強いる存在である。学習者は、偶然に、その教材としての文章や作品に出会うのである。

場合によっては、「今日から○○を勉強します。まず読んで見ましょう。」などというような教材への最初の出会いを創出する授業もあり得る。学習者は、多くの場合、言われるままに読みを開始するであろう。「場合によっては」と言ったが、このような授業は少なくないはずである。このような読みの開始には、学習者が自らの読みの構えを作る暇もなく、本来は、自らの主体的な行為であるはずの読みが、受容的なものとして展開される危険性がある。

「題名読み」は、単なる「動機付け」や「興味、関心の喚起」に留まるものではない。読者が、これから読もうとするものに対する態勢作りであり、後の活動を主体的、個性的なものとして維持、発展するための必須条件なのである。

第一章に例示した「いろいろな　ふね」について、再び検討してみよう。児童が最初に出会うのが、この題名であるとすると、普通は、「ふね」というキーワードに触発されて、様々な知識や経験を想起することになろう。何も感じないことは、かえって困難なのである。さらに、「いろいろな」という修飾語との関連で想像が膨らむであろう。例えば、次のような反応（想起、予想、疑問、期待など）が生起して当然である。

「この文章には、色々な船のことが書いてあるようだ。どんな船が出てくるのだろう。僕は、フェリーや漁船やタンカーやヨット、モーターボートなどを知っている。筆者は、どんな船を取り上げるのだろうか。そしてどんな風に説明してくれるのだろう。僕の知っている船が取り上げられているだろうか。……」

これらの反応は、単なる動機付けに過ぎないようにも見える。しかし、様々な説明が可能である「船」についての説明の一つの個性的な例としての教材について、どのような「ことがら・内容」を取り上げるのか、あるいは取り上げない（切り捨てる）のか、どのような説明の進め方を工夫しているのか、どのような言語表現上の工夫をしているのかに対する読みの構えを作る原動力になっているのである。

第一学年用教材である「どうぶつの赤ちゃん」について言えば、「どうぶつの赤ちゃん」という広範な対象を含む題名の文章の内容が、わずかに「ライオン」と「しまうま」の記述、比較で終わるという筆者の工夫や奇抜さや問題に気づくためには、「題名読み」において、しっかりと構え作りをしていなくてはならない。読みの基礎的な力が十分でない児童でも、「どうぶつ」及び「赤ちゃん」に反応することは容易なことである。自分の知っている様々な動物を想起すること、また、「赤ちゃん」についても、過去の経験や知識の想起、どのようなことを知りたいのか、説明して欲しいのかなどは、ごく自然に生じる読者としての反応である。例えば、児童の知っている動物としては、身近な存在である動物、「犬」や「猫」、「猿」などが出てくる可能性が高い。これらの動物を念頭におきながら、教材に取り上げられている「ライオン」と「しまうま」の事例を読むことは、ある種の混乱を引き起こすことになろう。その混乱、困惑が、読みにおいて重要な意味を持つ。なぜ、自分が知っている動物たちが取り上げられていないのだろう。自分が予想した動物と、教材に取り上げられている動物は、どのように違うのだろうか、同じなのだろうかという疑問や課題が生まれる。このような違和感は、一人の説明者としての筆者の存在を浮き彫りにし、教材を吟味し、評価することに直結する。このような反応のある場合とない場合の児童の読みの性質を考えるとき、読みの学習指導の最初にあって、さして重要とも思えない「題名読み」が、ごく自然な読書行為であり、その後の読み深めや読み広げに深い関係があり、あるべき読書行為の推進力になっていることが分かるであろう。

この段階での活動に、多くの時間をかける必要はない。ものの一〇分、一五分で済む場合もあるであろう。要は、読みの構えができたかどうかが問題なのである。

題名読みの変形として、「冒頭部分」の一部を読んで、後の展開を予想させるという、一読法の立ち止まりに近い実践記録が手元にある。「題名読み」ほどに読者の自由度は認められないが、それでも、読者がどのような反応を生み出すのかが分かって興味がある。まず、教材本文（部分）を提示しておく。（注6）

雪国は今――　　　　　　　鈴木　哲

①北海道や本州の日本海側では、冬にたくさんの雪がふります。こうした雪国では、スキーやそりなどの楽しみもありますが、雪による苦労も多いのです。

②例えば、屋根に厚く積もった雪は、家をおしつぶす心配があります。また、道路に積もった雪は、人や車の行き来をさまたげ、火事や急病などのときには、人命をきけんにさらします。生活に必要な物が運べないということもあります。このように、雪は、生活に障害をもたらすことが多いのです。

③そこで、雪国の人々は、昔から、それらの障害をいろいろな方法で、乗りこえようとしてきました。雪を取りのぞくための道具や機械を発明し、改良を加えてきた結果、屋根の雪下ろしは、ずいぶん楽になりました。また、多くの道路では、冬でも、雪の心配をしないで車で走れるようになりました。地域の人々が協力して雪を取りのぞく体制も、だんだん整ってきました。

③さらに、最近では、雪を取りのぞこうとするだけでなく、積極的に利用する試みも始められています。

④その一つが、「冷たくて、湿度を一定にたもつ」という雪のせいしつを利用して、食料を雪の中に貯蔵するということです。……（略）

⑤～⑦略

⑧もう一つ、「水のかたまり」という雪のせいしつを利用した、雪ダムの計画も進んでいます。……（略）

⑨略

⑩雪国では、たしかに、まだ雪による苦労がたえません。しかし、雪は、雪国の生活だけでなく、雪国以外の生活も

ゆたかに変えていく力をもっています。雪をじゃまものと考えて取りのぞくだけでなく、雪のせいしつを進んで生かそうという、人々のたえ間ない努力と協力の積み重ねで、雪国は今、大きく変わろうとしているのです。

児童の反応の喚起は次のような学習指導過程に位置づけられたものである。

主な発問と予想される児童の反応	留意点
○題名と作者の名前をみんなで読んでみましょう。 ・「雪国は今――」、鈴木　哲 ○鈴木さんはどんなお話を書いているのでしょうね。 まず、最初の段落を読んで、想像してみましょう。 ・たぶん、雪による苦労のことが書いていると思う。 ・雪が降って楽しいことをかいてあると思う。 ○最初の段落の続きを今から書いてみましょう。 ・ワークシートの続きを書く。 ○つづき話を発表してみましょう。 ・つづき話を発表する。	・教科書はふせさせておく。 ・ワークシート① ・自由に発言させる。 ・ワークシート① ・抵抗のある子には特別指導を行う。 ・時間を十分にとる。 ・時間の許すかぎり行う。

この実践から生まれた児童の反応例を紹介しておこう。

○　例えば、雪がたくさんふって車が通りにくくなったとき、道路はとてもあぶなくなるからです。道路には雪がたくさんつもっているからです。車がスリップするとたいへんです。スリップすると、だいたいなにかにぶつかるまでとまりません。だから事こになるのです。
家でもたいへんです。ひどかったら、やねの上に雪がつもると家がつぶれてしまうかもしれません。まどガラスやドアに氷がくっついてあかなくなるかもしれません。
でも、雪国では楽しいこともいっぱいあります。雪だるまは大きいのができます。雪がっせんをしても、雪でかたちを作ってもまだまだ雪はあります。わたしがいちばんしたいと思っているかまくらだって、大きいのが作れます。中にストーブをおいておもちを食べたりできるかもしれません。かまくらどころじゃなくて、家もつくれるかもしれません。たいへんなこともたくさんあるけど、とても楽しいところです。（A児）

冒頭段落によって、文章の内容が、どのような方向、切り込み口をもつものとして展開されようとしているのかについては、おおよその見当がつくしくみになっている。また、「苦労」と「楽しみ」については、どのようなことが書かれているのかを、読者として予想、想像することができる。児童の反応例は、素朴ではあるが、「苦労」の内容として、交通上の障害、家屋の破壊など筆者の構想と重なることも予想するとともに、「楽しみ」については筆者とは異なる発想をしていることが分かる。この教材の本文は、「苦労」と「利用」という視点から構成されているが、冒頭段落から予想することとはズレも生まれる。しかし、そのズレが、吟味・評価の読みを実現する原動力になる。

さらに、もう一つの事例を紹介しておこう。

「題名で『イースター島にはなぜ森林がないのか』と、問いを投げかけられています。まずは、この題（＝問い）に対する自分の予想を立てさせます。ただし、すぐ予想を書かせるのではなく、初めに、『「イースター島」ってなんだろう。』『「森林がない」ってどういうことだろう。』と補助的に発問し、思考をある程度深めていった方が、思い付きではない予想が出てきます。例えば、次のような予想が出てきます。

・イースター島っていうことは、「島」だから、津波とか大きな嵐とか、そういう自然の大災害が原因だと思う。

・このごろ地球温暖化が問題になっているから、人間が自分勝手な暮らしをして温暖化が進んで木が枯れてしまったのではないか。

・森林は、ふつう簡単にはなくならないはずなのに、なくなってしまったってことは、戦争とか農業や工業など、人間の都合で、森林を使い過ぎたり焼いてしまったり、乱暴なことをしたからだろう。

このようにして、題名読みをし、自分の考えを書かせ、『疑問を解決したい』という意欲をかき立てたところで、本文の読解に入っていきましょう。」(注7)

「イースター島」というような、学習者にとって経験や知識の乏しい対象への反応は容易ではないと考えられるが、本教材には、ある仕掛けが仕組まれている。それは、題名が「問いかけ」の形になっており、学習者の反応をかき立てる機能を有しているのである。問いかけられ、あれこれ答えを想定するという反応活動は、単なる入り口における動機付けではなく、その後の学習活動のエネルギー源として機能する。そのことを「『疑問を解決したい』という意欲をかき立て」ると言っているのであろう。

教科書教材の題名には、学習者の興味・関心をひきやすいような工夫が施されている。

まず、児童の興味・関心を引きやすい、珍しい事物が取り上げられているものが多い。「多い」というより、編集者は、必ず、内容が、学習者の興味をひくものであるのかどうかを考えているといってよいであろう。説明的文章の扱う事象は、その内容としてはどんなものでも構わないと言ってよいが、それでも学習者にとって、内容そのものが興味、関心を引くものであることは望ましい。こうした題名には、興味を引く言葉そのもの(例えば、「めずらしい」、「不思議」、「ちえ」など)を使用しているものもある。「珍しいものを並べ立てる」という批判を受けることはあるが、興味、関心の対象として魅力があるということには、それなりの意味がある。もっとも、ある時期に新鮮であったものは、時間とともに新鮮さを失うという問題がないわけではない。また内容主義的な授業に陥る危険性も孕んではいるが、そのことを認識して扱えば、有効な機能を発揮するであろう。

「イースター島にはなぜ森林がないのか」というように、疑問、問題を提示している別の事例を取り上げておこう。これらも、題名に接した時点で、学習者に、何らかの答え求める機能を持っている。この他にも次のような例がある。（注8）

【小学校】

「いるかいないかあるかないか」（吉田夏彦）、「空気の重さをはかるには」（板倉聖宣）、「木の年は数えられるか」、「銀貨やどう貨はなぜ丸いか」、「食べるのはどこ」、「どちらが生たまごでしょう」、「どんなところを食べますか」、「どんなやくめをしているでしょう」、「なぜおばけは夜にでる」（なだ　いなだ）、「富士山はほんとうにあるのか」、「ものにはどうして名まえがあるか」など

【中学校】

「アリに知能があるか」（石井象二郎）、「遺跡はなぜ地下にあるか」（十菱駿俊）、「イルカは知能が高いか」（千葉康則）、「これ何に見えますか」（高田敏子）、「砂糖の味をどう表現するか」（徳川宗賢）、「自分って何だろう」（佐江衆一）、「人類は滅びるか」（日高敏隆）、「地球に定員はあるか」（吉良竜夫）、「でたらめがなぜ書けないか」（岡本太郎）、「時計はなぜ右回りか」（白井健策）、「鳥はどこで寝るか」（樋口広芳）、「なぜ『辞書』は『引く』のでしょう」（池上嘉彦）、「『日本語』ってなんだろう」（林　巨樹）、「話し方はどうかな」（川上裕之）、「人はなんのために生きるのか」（山主敏子）、「野鳥は生き延びられるのか」（朝日新聞）など

あるいはまた、既出の「雪国は今――」のように、未完の表現をして、表現していない部分に対する反応を喚起

する仕組みのものもある。
【小学校】
「相手の気持ちをかんがえて」（林　四郎）、「ことば一つで世界が」（田川時彦）、「自分のこととくらべて」、「しらべたことを」、「新聞を読んで」、「卵の形から」（岡野薫子）、『ねこ』をたとえに使うなら」、「もっと速いものは」など
【中学校】
「一枚の地図から」（堀　淳一）、「心の底をのぞいたら」（なだ　いなだ）、「この小さな地球で」（手塚治虫）、「ちょっと立ち止まって」（桑原茂夫）、「どうも」（加藤秀俊）、「羊飼いの村で」（清水克彦）、「野生動物は――」（石郷岡幸男）、「連休の終わったあとで」など
このように、筆者は、題名の創造に工夫を凝らしていることが多い。題名読みに際しては、このような工夫を活かして、学習者の読みの構えを生み出す活動を展開したい。
ところで、過去の研究、実践研究論文のうちで、「題名読み」をタイトルに含むものは、さして多くはない。その数は、代表的な国語（科）教育分野の研究紀要や雑誌（主として、創刊から二〇〇五年まで）を調査した結果、三九、〇〇〇件のうち、「題名読み」という語を含むものは、わずかに一件であり、それも児言研に所属する実践者によるものであった。読みを開始するエネルギー源となるはずの「題名」への着目、「題名読み」という行為に対する関心は低いと言わざるを得ない。（注9）

(2)　二つの「通読」

ア　読者の反応過程としての通読

児言研の批判にあるように、「通読」は、教材の全体の概略をざっと把握するという、最初の出会いの新鮮さを妨害するという傾向があることは否定できない。

児言研による反応把握は、例えば、次のように行われている。

児言研では、一読総合法を初めて導入するに際して「ひとりごと法」から入ることを勧めている。それは、次のようなものである。

「……なにもむずかしいものではありません。ある国語の時間に、こう切り出せばいいのです。

教師『本は眠った心で読んではいけません。目醒めた心で読むのでなければ、ほんとうに本を読んだとはいえないのです。』

そして、目醒めた心で本を読めば、いろいろな『ひとりごと』が出てくるのだということで教えていけばいいのです。

・おもしろいところでは『ああいいな』というひとりごとが

・スリルのあるところでは『ひやひやするな』というひとりごとが

・自分の経験とぴったりのところでは『全くその通りだ！』というひとりごとが

・どうも自分に納得できないところでは『ほんとうにそうかなあ？』というひとりごとが

・……」（注10）

この段階は、「ことがら・内容」に関するものが多いが、ひとりごとの種類を、次のような表で表している。この表の内容には、「ことがら・内容」、「言語表現」、「論理（関係）」に関するすべての反応が見られ、「評価読み」の反応の種類とほぼ同じと考えることができる。（注11）

☆	思ったこと・考えたこと
㋙	浮べたコトバ
↪	前段でのあやまり訂正
※	関係づけ（過去の知識・経験との）
↑	匂ってきた副題
S	作者の考え
※→	前段落への関係づけ
※←	後段落への関係づけ推定
！	わかったと叫びたいこと
<	コトバ挿入
？	内容上のギモン
×	悪い表現
○	良い表現

このような反応をとらえる活動を、児言研では、「書きこみ・書きだし」と呼んでいる。

「書きこみは、文章を読みながら反応したことをそのまま、文章の行間に書きこんでいくことです。ですから、整理されたものではなく、部分部分の文章に反応しながら読みすすめていくことになります。どちらかというと一字一句にこだわり、分析に傾きがちになるので、文と文を関係づけて総合的に読んでいく指導が大切です。」（注12）

「書きだしは、同じ読みながらの行為であっても、読みを一区切りしては反応したことを整理してノート（別の用紙など）に書きだしていきます。ですから、書きこみに比べると、総合的な読みの内容になっていきます。」（注13）

「しかし、書きこみと書きだしの区分けというのは、内容的にはそんなにはっきりとしたものがあるわけではありません。書きこみの形式であっても行間に書きこむだけでなくあるまとまった読みを書く欄を設ければ、それは書きだしを兼ねることが可能です。」（注14）

児言研は、なぜこのような書きこみや書きだしをさせるのかについて、次のように言っている。

「ひと口に言うなら、先にも述べたように、主体的な読みとその能力を高めるために行うものです。ひとり読みは読み手を自然と主体的立場に立たせ、その読みは能動的なものとなって展開されていきます。それを書くことによって読みの思考をより充実させ、より確かなものにしていくのです。」（注15）「言語能力のまだ不充分な子どもでは、この行為はぜひとも必要です。書くことによって子どもの読みの思考は充実し、活性化し、その読みは的確なものとなり、より深いものとして進められます。」（注16）

三読法に基づく学習指導過程の通読段階では、児言研の「ひとりごと」とは、やや事情が異なり、反応の対象である三つの要素、つまり「ことがら・内容」、「言語表現」、「論理」の三者に等しく、十分に対応することができにくい。

例えば、先の「雪国は今――」の通読（第一次の読み）段階で、一クラス二一名の書きこんだ反応（疑問、感想、意見、その他）は、総計一一九項目である。このうち、疑問系のものを抜き出し、「ことがら・内容」、「表現」、「筆者の考えのすじ道（論理）」に分類した結果は、「ことがら・内容」―68、「表現」―9、「論理」―12であり、圧倒的に「ことがら・内容」が多数を占めている。これは、当然のことである。しかし、「評価読み」の実践に取り組んで間もない段階で、「論理」や「表現」に関する反応も存在することも見逃せない。なお、教材への反応行為の初期段階（初歩的段階）では、「言語表現」の範疇に入るものが多数を占めるという現象も生じる。その内容の多くは、漢字の読みや、語句の辞書的意味などである。このような反応は、読みの入り口にあるもので、学習者の読みの実態を示すという意味では無視できないが、「評価読み」としての反応の本質的な部分ではないので、右の分布数には入れていない。（注17）

初読段階での反応は、読みの自然な姿を反映して、このように、分布に特徴がある。読み深め、読み広げを目指すための、その後の精読段階に生きて働く学習課題作成の素材としての反応は、「ことがら・内容」、「言語表現」、「論理」のすべてにわたって生起することが望ましい。

この問題に対応するために設定したのが、「全文読み（通読）(2)」である。最初の通読では、「ことがら・内容」

に傾斜した反応が出てくるのは致し方ないとして、その内容を尊重し、二度目の通読では、「ことがら・内容」に加えて、「言語表現」や「論理」について、疑問に思ったこと、共感したこと、意見、主張のあること等に関わる反応を生み出すように配慮している。二つの通読は、活発な反応生起の過程であると考えて、単に教材をなぞるような通し読みに終わらないようにしたい。

「評価読みの学習指導過程」のうち、通読⑴と通読⑵で行う反応の記録は、基本的には、児言研の「書きこみ」、「書きだし」と同じ性格のものであり、その目的も同一であるが、通読を前提にするか否かという点からいくつかの相違が生まれる。既に明らかにしたように、通読⑴は、積極的な反応活動に支えられているが、反応の対象は、「ことがら・内容」に傾きがちである。その後の学習活動を支える反応としては十二分な力を持つものとは言い難い。したがって、「ことがら・内容」を越える反応を引き出すために通読⑵を置いた。ここでは、「言語表現」や「論理」に関わる反応を求めることが可能になり、反応は、多様になり、高度なものに変容する。また、その後の読み深めや読み広げの活動を支えるエネルギーを生み出すことができる。

学習者の諸反応は、そのままでは方向性が明らかでない。これらを取捨選択し、整理して、学習課題にしていかなくてはならない。いわば、学習者による問題作りの場を提供することになる。読者による主体的な読みとは、自らが、読みの対象たる文章・作品の価値や問題を掘り起こし、自らが、その価値を評価し、問題を吟味し、解決する活動としての読みであると言ってよいであろう。

イ　反応の分類・整理

単元の学習指導計画には、「学習計画の立案」なるものが置かれるが、実際は、その計画は、指導者によって提示され、児童、生徒はそれに従うということが多い。授業構成の重要な柱は、「発問」、「指示」、「助言」であろうが、このうちの「発問」は、当然、指導者が作成し、学習者に提示される。しかし、この「発問」に相当するものを、児童自身の作る「学習課題」と置き換えてみてはどうであろうか。

児童、生徒の反応により、彼ら自身が生み出した課題の多様性と質については、「評価読み」に取り組んだ者を驚嘆させることが少なくない。学習者は、ここまで学習課題を生み出す能力があるのかと、まず驚き、次に、その学習課題が、指導者の用意することになる「発問」の多くの部分と重なっていることに、また驚くのである。時には、指導者の意表をつくような個性的で、創造的な学習課題さえ存在する。学習者を個性ある読者として見直し、読みの授業を考え直す契機にもなる。

青木幹勇は、児童の書き込みをプリントして、それを材料にして学習課題作りの教材にしている。読むとは、読みの対象に対してどのように反応することであるのか、反応した結果は、読み深めや読み広げの可能性をどのように切り拓いてくれるのか、そもそも、どのような反応や学習課題が良質のものであるのか、つまり、どのように読むことが生産的であるのかを、学習者自身に学ばせる営みである。

一見して高度な実践のように見える、「反応の生起」、「学習課題作り」は、さほど困難なことではない。そのことは、取り組みを始めて見れば直ちに理解できる。学習者は、指導者が想定していた水準をはるかに超える存在だったということが判明するであろう。ただし、「評価読み」は、児童にとって自然な読みではあるが、国語教室内において、なじみのある存在ではなかった。したがって、教室文化としての国語科の読みの学習体験の少ない低学年の児童の方が、素直に、「評価読み」の一連の活動に参入し易い。

学習課題作りに際しては、種類と質において多様な児童の諸反応を、まずは、「ことがら・内容」、「言語表現」、「論理」のカテゴリーに分類させる必要がある。児童、生徒の反応群のすべては、彼らの読みの実態を示してはいるが、それらすべてを学習課題として活用することはできない。反応を対象化する（反応の内容、反応の仕方を吟味・評価する）ことが必要である。この活動を通して、反応に、どのような傾向、偏りがあるのか、どのような反応が学習課題作りに活かされ、どのような反応は非生産的であるのかを学ぶことができる。

指導者が用意するであろう発問のうちには、学習者の手に負えない種類のものがある。例えば、部分相互の規模の小さい「論理」や、「ことがら・内容」の多くには反応し易いが、文章全体というような大きな規模、物理的に距離のあることがら相互の関係などには目が向きにくいし、「言語表現」に関しても、語句の意味などを越える修辞や論理指標表現などに関することなどには反応しにくいかもしれない。児童の反応を活かしつつ、児童の反応の及ばないところに手を差し伸べるのが指導者の仕事である。この場合も、「みんなの反応になかったものを、私も作ってみた。この反応（学習課題）は、みんなの作ったものとどんな風に違うだろうか。」というような介入の仕方が効果的である。読みの指導の基本は、読み物への反応の仕方の指導であると言ってもよいから、指導者も、読みの反応主体の一人としての姿勢で学習者に対するのが好ましい。

学習課題の構造を示すために、次頁のような表を用意してみた。児童、生徒の書き込みは多様であり、未整理である。それらを分類、整理するための枠組みとして仮に考案してみたものである。横軸bについては、既に、青木幹勇も類似のものを作成しており、参考になる。反応の分類整理に際しては、「反応の対象」（a）と「反応の仕方」（b）が分かるようにするのがよい。実践者も、初読段階での書きこみ活動には容易に着手できるが、書きこんだデータをどのように扱うのかという段階になって困難を感じることがある。反応の対象と反応の仕方（方法や姿勢）が混在していると、学習課題づくりに際して混乱に陥る可能性がある。できるだけ単純に、両者の関係が分かるようでありたい。次のものは一つの例であり、必要に応じて工夫されたい。

b＼a	ことがら・内容	言語表現	論　理
疑問 共感	Ⅰ		
感想・意見			
批評・創造			Ⅱ

（a＝反応の対象　b＝反応の仕方）

反応の対象は、説明的文章の三つの構成要素を挙げている。最初の通読では、「ことがら・内容」中心の読みになる。また、手がかりとして「言語表現」は把握しやすい。表立って見えはしないが、最も重要な要素である「論理」を最後に位置づけた。

反応の方法には、大きく二つの方向があると考えてよいのではなかろうか。すなわち、肯定・同意・感心・感動という受け容れる方向のものと、疑問や意見、批評というような留保や吟味・評価の方向のものとである。反応の対象と反応の仕方の交点のいずれかに、学習者の書き込み（反応）は、位置づけられるであろう。つまり、単純な疑問や共感に始まり、意味づけや吟味の初期段階としての感想、意見が続き、さらに、自分なりの確かな批評と、課題解決の先にある代案、新案などの創造的な反応へと高度なものになっていく。

この図においては、最も素朴な「Ⅰ」から、最も高度な「Ⅱ」への方向が、読みの質の向上を意味している。

通読段階における反応の書きこみと学習課題作りに関する実践事例をもう一つ紹介しておきたい。

第六学年用教材に、前出の「イースター島にはなぜ森林がないのか」（鷲谷いづみ）がある。（教材文は、巻末に示す。）この教材に即して、学習課題づくりと発問・指示との関係を考察したい。

まず、この教材を分析してみよう。
本教材は、環境問題に関する説明的文章教材として、イースター島の事例を用いて、興味ある説明と主張を展開している。以下に記すのは、いわば、私の反応一覧である。

a「ことがら・内容」の観点から

・題名から分かるように、「イースター島にはなぜ森林がないのか」という問題を提示して、その問題に答えるとともに、さらに読者に注意を促す機能を持つ文章である。
・題名は、本文が「イースター島の森林は、なぜ、どのようにして失われてしまったのだろうか。」という二つの観点を持つものになっていることを示している。つまり、森林喪失の「理由」と「過程・状況」を問うことになっているのである。そして、この二つに答える内容が、教材文の大部分を占めている。
・この問いに対する端的な答えは、次の段落（㉑段落）の内容である。
「このようにして、三万年もの間自然に保たれてきたヤシ類の森林は、ばっさいという人間による直接の森林破かいと、人間が持ちこんだ外来動物であるラットがもたらした生態系へのえいきょうによって、ポリネシア人たちの上陸後、わずか千二百年ほどで、ほぼ完ぺきに破かいされてしまったのである。」
・問題提示（③段落）と、答え（㉑段落）の間にある文章の内容は、やや複雑で分かりにくいが、「問い―答え」という関係でとらえるなら、比較的明確にとらえることが可能である。
・本教材は、この答えを示す段落で終わってはいない。その後の部分は、どのような内容を持つものであろうか。それは、既に、森林破壊の原因・理由と過程・状況の説明ではなく、自然破壊防止のための警告であり、説得である。教材文としては、前半の説明の部分と後半の主張・説得の部分を抱え込んでいる。説明的文章教材には、時々、このように、複数の文種（ジャンル）の機能を持ち、読者を悩ませることがある。

・主張・説得の機能を持つ部分のうちの中心的な内容は、㉕「……ひとたび自然の利用方法を誤り、健全な生態系を傷つけてしまえば、同時に文化も人々の心もあれ果ててしまい、人々は悲さんで厳しい運命をたどる、ということである。」としてまとめられている。これに続く残りの二つの段落は、この主張・説得をさらに発展させたものと受け取ることができよう。

b「言語表現」の観点から

特に注目すべき言語表現を取り出しておく。

・題名が既に、問題提示の形式であり、これは、「理由・原因」を問う形式の文である。

・③段落に、「イースター島の森林は、なぜ、どのようにして失われてしまったのだろうか。」とあり、その後の教材文の内容が、「理由・原因」と「過程」に関わるものであることが判明する。

・⑧「イースター島から森林が失われた大きな原因は、この島に上陸して生活を始めた人々が、さまざまな目的で森林を切り開いたことである。」とある。ここに言う「さまざまな目的」が、以下、「まず」、「次いで」、「さらに」という「論理指標表現」によって具体化されている。

・⑲、⑳の文末表現「……らしいのだ。」、「……ようなのである。」断定的な表現ではない。推測であり、論拠としては弱い印象を受ける。

・㉑段落は、問題提示から、森林破壊の目的と過程を説明した内容をまとめる機能を持つ。「このようにして」という表現は、児童・生徒にもなじみのあるまとめの指標である。このまとめからは、森林破壊の原因と過程が確認できる。

・㉕「……このイースター島の歴史から、私たちが教えられるのは次のようなことである。すなわち、……ということである。」「すなわち」以下の文が強調される構造になっている。先行するイースター島に密着した説明を、抽象化、一般化して、主張、説得の文になっている。

・㉖、㉗文末表現「……できなかったのだろうか。」、「……ではないだろうか。」は、筆者の訴えかけの表現であり、この表現の姿勢は、先行する説明の部分とは明らかに異なっている。

c 「論理」の観点から

・文章の全体構造は、「問い」―「答え」の「説明」部分（③～㉑＋㉒～㉔）と、「主張・説得」（㉕～㉗）で構成される。㉒～㉕の位置づけについては、教材研究者によっては異論があるかもしれない。まずは、文章が大きく二つの性格の異なる部分を持つものとして書かれていることを押さえておこう。

・森林破壊の理由が二つあるということは、⑳段落まで読んできても把握しやすいとは思えないが、㉑段落のまとめによって、人間による直接の破壊とラットによる生態系への影響による破壊との二つであったことが分かる。（「まず」、「次いで」、「さらに」という論理指標表現に従って説明が展開しており、それに目を奪われがちであるが、これらの内容は、第一の理由である森林の伐採の目的に関わるものである。）この二つの関係は、単純な並列関係ではない。AとBという関係であるよりは、Aに加えてBなのであろうが、そのように書いてはいない。

・森林破壊の本当の理由はラットによるもののようであるが、これは、「さまたげたらしい。」や「できなかったようなのである。」という推測であり、根拠としては薄弱な印象を与える。

・「説明」の部分と「主張、説得」の部分との関係はどのようになっているのであろうか。後者は、前者によって当然導き出されることになるのであろうか。

授業実践から、どのような反応が生まれたのかを、事例に即してみておきたい。

学習指導計画

「① 目標

○文章中に見られる筆者の工夫を確認し、吟味することを通して、論理吟味の力を高めることができる。

○学習の成果を文章にまとめることを通して、どのように論理を吟味することができたか自己評価することができる。

○文章からつかんだ課題を、相互交流を通して解決することができる。

② 学習指導計画(全一四時間扱い)

第一次(二時間)

第一時 題名読みを通して文章の展開を予想した後、題材文の読みを通して、文章全体の論理を大まかに確認する。

第二時 題材文の読みを通して、説明の仕方について疑問や意見を書き出す。

第二次(二時間)疑問や意見を整理した表をもとに、細部を読み進めるための学習課題をつくる。

第三次(八時間)意味段落ごとの読み。第一時〜第六時の具体的な内容は省略する。

第七時 まとめの部分が根拠のあるものになっているかどうか確認し、吟味する。

第八時 イースター島における森林破壊を取り上げた筆者の意図について確認し、吟味する。

第四次(二時間)学習したことを振り返り、筆者の工夫が効果的なところともう一工夫ほしいところを書く。」(注18)

二つの通読段階に相当する部分は、破線で囲った部分、第一次・第二時及び第二次である。実践者（青山）は、読み手の反応を、次のような観点（項目）に分けている。

A　題名に関して⑵、B　全体構造に関して⑶、C　たとえに関して⑴、D　森林が失われた歴史に関して⑵、E　ポリネシア人の説明に関して⑶、F　事例の取り上げ方に関して⑸、G　文末表現の問題に関して⑿、H　おわりの部分に関して⑵、I　筆者の意図に関して⑴

（　）内の数字は反応数を示す。）

反応を生み出すために、実践者は、次のように書いた「学習プリント」を配布している。

「イースター島にはなぜ森林がないのか」を読んで、わし谷さんの説明の仕方についての疑問や意見を書き出してみよう。

教材文に対する幅広い、自由な感想、疑問、意見というよりも、筆者という説明の主体の個性を意識した反応の取り出しを意図した指示である。また、「疑問や意見」という反応の引き出し方は、学習課題を作る上で有効な方法である。

説明的文章の構成要素である「ことがら・内容」、「言語表現」、「論理」という平面的な分類ではなく、教材の文章展開に沿って、時間軸を重視した分類になっているが、これはこれで、文章のどこに対する反応であるのかがよく分かる。反応の分布を見るために、三要素の観点から再分類、再整理することも、さして困難ではない。

ウ　学習課題づくりと発問、指示

a　児童の作る学習課題

学習者の反応は、個人及び学級全体の読みの実態を示すデータとなる。正直に反応を記録しているということを前提に考えるなら、よくも悪くも、学習者は、反応しているように読んでいるのである。指導者は、その実態をとらえることができる。そして、その実態に応じて学習指導計画を構想することになるが、学習者自身に、彼らの反応を活かしながら、学習課題づくりを促すことも考えられる。

また、国語教室における読みにおいて重要視されるのは「課題解決」であると考えがちである。それはそれで間違ってはいないが、解決されるべき「課題」を生み出すことも、読みの重要な行為である。読むとは問題発見、問題発掘であると言ってもよいのではなかろうか。

次に示すのは、前記の「イースター島にはなぜ森林がないのか」について、学習者自身が、グループ活動という形態をとりながら、学習課題を作成した例である。(注19)

① なぜイースター島の説明を先にして、本題をその後に書いたのか。
② イースター島の面積を表すのに亀山南小学校や広島市民球場のような身近なものの方がわかりやすいのに、なぜ小豆島を例にしたのか。
③ イースター島の森林が失われてしまうまでの流れを説明するために、筆者はどのような工夫をしているだろうか。
④ 筆者はなぜポリネシア人がイースター島に行って生活しようとしたことを説明していないのか。
⑤ モアイ像やラットは「イースター島にはなぜ森林がないのか」という題名に関係があるのか。

⑥本当にラットがヤシの実を食べて、新しい木が生えてこなかったといえるのか。
⑦なぜ筆者は語尾をびみょうに書いたのか。(ラットのことを説明しているときだけ、なぜびみょうに書いたのか。話として出すなら、はっきり書けばいいのに。)
⑧「子孫に深く思いをめぐらす文化を早急に築けるかどうかにかかっているのではないだろうか。」と書いてあるけど私たちは何をすればいいのか。
⑨どうしてイースター島の森林破かいを説明したのか。

実践者(青山)による補足説明によれば、それぞれの課題は、次のような性格をもっている。

「①は筆者の全体構造の構築に関する課題である。②は筆者の表現の工夫(比喩表現)に関する課題である。③は筆者の論理展開に関する課題である。④⑤は筆者の事例の取り上げ方に関する課題である。⑥の課題は確認を必要とするとともに説明の不十分さの吟味を導くものとなっており、⑦の課題を考えるための前提となっている。⑧は終末部分の説明の根拠を問うものとなっている。⑨は筆者が本説明文を書いた意図を吟味するものとなっている。」(注20)

学習課題の素材としては、留保や拒否、批評の方向での書き込みが力を発揮する。つまり、学習課題を生み出しやすい。ここに挙げた事例は、そのような方向から生み出されたという傾向が強く、学習指導に際しては力を発揮している。しかしまた、「評価読み」は、マイナスの評価を意味する行為ではない。優れたものは、価値あるものとして受容し、問題があるものについては、その問題を発見し、解決し、可能であれば新しいものを創造するという行為である。したがって、教材の美点についても、意見や批評として立ち現れることが望ましい。一つの教材の中には、問題と同時に美点も共存しているものである。その双方に目を向けるようにしたい。

b　反応の記録から学習課題へ

読みながら反応し、その反応をもとにしながら学習課題を作っていくためには、いくつかの注意すべき点がある。特に留意すべきことについて触れておきたい。

児童の反応は、断片的であり、通読段階での、まだ読みの浅い、主観的な段階のものであり、しかも「ことがら・内容」に傾斜したものである。そのままでは、学習活動の骨格をなすような課題にはなりにくい。

そのようなことを考えるなら、まず、断片的なもの（場合によっては、「？」や、「！」、あるいは傍線が引いてあるだけのものもありうる。）を、できる限り完成したもの、できれば文の形で表現できるようにしておきたい。

また、同種、同類のものは、まとめて大きな課題にしていくことも考えておきたい。

例えば、「すがたをかえる大豆」の「おわり」の部分について、児童は、いくつかの書きこみをしている。（注21）

・「まとめ」の段落は、ふつう一つで表すことが多いのに、この教材では二つある。おかしい。
・八段落に、「このように」と書いてあるのに、九段落があるのはなぜだろう。
・「このように」は、まとめの言葉なのに、どうして最後になっていないのだろう。

これらは、一つの対象についての同類の反応である。

・まとめの段落のあとに、どうしてもう一段落を書いたのか。

と、一つにすることが可能である。

さらに、最後の段落（第九段落）には、次のような反応がある。

・⑨段落は「なか」とつながっていない。
・「昔の人々のちえ……」「ちえ」は中のどこに書いてある？
・なんであんまりおどろかないのに「おどろかされます」と書いているの？
・なぜいきなり「昔の人々のちえ」がでてくるの？

これらは、つぎのような課題にまとめることができよう。

・⑨段落は、中の部分をきちんと受けて書いていますか。
・中のまとめである⑧段落と⑨段落はどういう関係になっていますか。

指導者（福山市旭丘小学校の教諭）は、さらに、これを、次のような大きな課題にまとめ上げた。

・「おわり」の書き方について考えよう。

この行為は、次項の「発問、指示」の領域に入ってくるのであるが、学習課題作りの行為としても児童は取り組みが可能である。

ここまで、断片的、具体的なものをまとめあげて大きな課題にしていく方法について言及したが、これとは逆の場合もある。児童、生徒は、時に、漠然とした大きな規模の反応をする。

前掲の表中の③「イースター島の森林が失われてしまうまでの流れを説明するために、筆者はどのような工夫をしているだろうか。」は、かなり規模の大きい反応であって、これをそのまま学習課題にすれば、解決の糸口を見つけるのに苦労するであろう。このような場合には、反応を具体化、細分化する必要があろう。反応①「なぜイースター島の説明を先にして、本題をその後に書いたのか。」などは、具体化されたものの一部に相当しよう。反応⑨「どうしてイースター島の森林破かいを説明したのか。」も大きすぎる反応である。角度を変えて、「イースター島の森林破壊の説明は、私たちと自然、文化とのどのようなことを考えさせてくれるか。」というようにすれば、多少は取り組みやすくなろうし、批判的な立場からの切り込み方としては、⑧『子孫に深く思いをめぐらす文化を早急に築けるかどうかにかかっているのではないだろうか。』と書いてあるけど私たちは何をすればいいのか。」という問いに重なるともいえる。

児童の反応が、「ことがら・内容」に偏りがちであることは既に触れた。この反応の仕方が、学習過程の全体に及ぶことがあり、例えば、小学校の国語教科書の特徴である自然科学的な素材にかかわる多数の説明文の場合には、「ことがら・内容」を追究し続けた結果、理科と区別のつかない実践になることもありうる。また、逆に、無味乾燥な言語操作に走る実践もないとはいえない。

このような問題を回避するためには、「ことがら・内容」に関わる反応も、できる限り、「論理」を対象にするものに変換したい。

・イースター島って、どんな島か。

と問うと、時に、国語科の学習内容を越えて、とりとめのないものになる。しかし、次のように変換すれば、どうであろうか。

・筆者は、なぜ「イースター島」を取り上げたのか。

こうすれば、学習者は、教材文の中における「イースター島」という事例の位置づけを考えざるを得ないであろう。筆者が構築しているあるいは、構築しようとした説明、説得の論理に注意が向かうことにならないであろうか。「論理」は、「ことがら・内容」、「言語表現」の接点（統合体）であるとも言ってきた。このような問題の解明の過程で、教材の内容の扱いにも一定の制限がかかり（限りなく、教材から離れることを防ぎ）、言葉の機能についての学習も可能になる。

c　学習課題と発問、指示

ここで、児童、生徒の作る学習課題と指導者の用意する発問や指示との関係を考察しておきたい。

まず、この教材を扱う場合、私なら、どのような発問をするのかを考えて、次のようなものを用意してみた。これは、主として、「確認読み」の、しかも「論理」に関わる発問になっている。各発問に基づく活動をするに際しては、教材の仕組みを確認することと同時に、とらえたものを、どう吟味・評価するのかという「評価読み」の行為が必要になることは言うまでもない。つまり、「このように書いてあることは分かった。しかし、それが分かりやすいものであるのか、納得が行くのか」という問いかけの行為である。

「イースター島にはなぜ森林がないのか」発問例

発問例	※
題名―この題名から、本文には、どのようなことが書いてあると考えられるか。知っていることがあるか。	→⑨

―題名の形式上の特徴は何か。

―どうしてこういう題にしたのだろう。

文章全体

―文章全体を意味段落に分ける時、手がかりになるものはないか。
・問いかけ―答え
・答えの段落の発見
―答えの段落は、どこにあるか。

―問いと答えの間には、何が書いてあるのか。答えの段落の内容を手がかりに考えてみよう。

―この教材文は、題名から考えると答えの段落のところで完結しているのではないか。もしそうなら、答えの段落以降には、何が書いてあるのか。問い―答えの部分と、答えの段落以降の関係は？

部　分

―教材の書き出し（冒頭部分）に特色があるか？　題名との関わりはどうか？

―③段落の役割と書き方の効果は？　何を問題にしているか？　題名とこの段落の問いかけの関係は？

―④～⑦段落の役割は？

「ラット」の記述はどういう意味を持っているか？

―⑧段落以降には、「森林が失われた大きな原因」についての説明がある。どこまでが、「大きな原因」の内容になっているか？

―大きな原因について説明するためにどのような工夫をしているか？

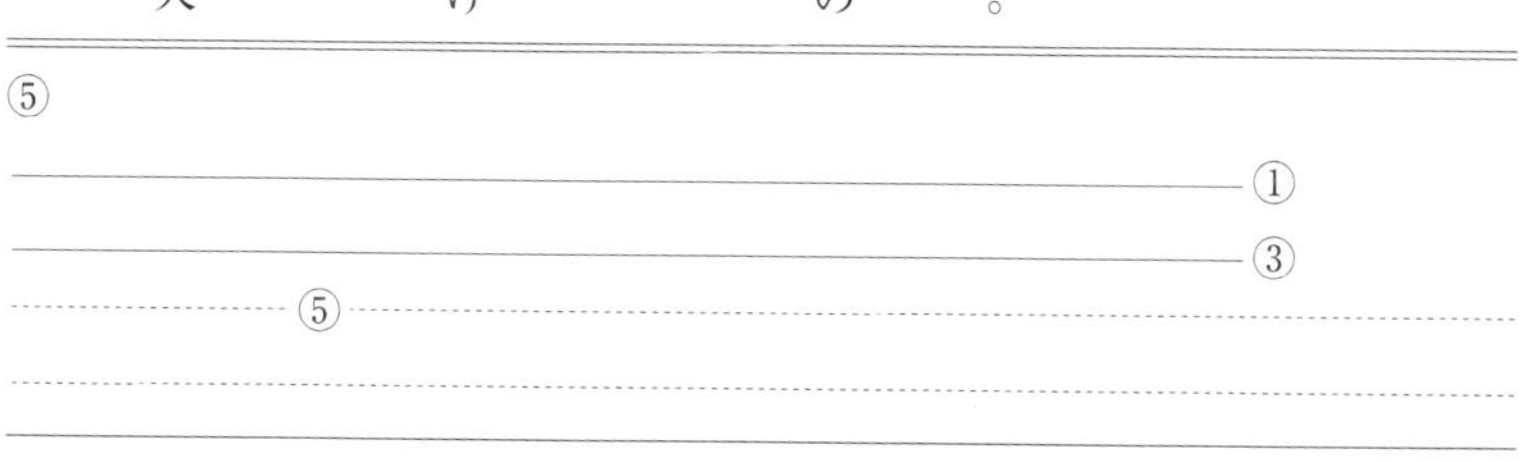

―②と③に二つの調査のことが書かれている。このことと大きな原因の説明とは、どのような関係があるのか？

―「大きな原因」のほかの原因とは？　最初の原因と二番目の原因では、性格がどのように違うか？

第二の大きな原因についての説明に特徴的なことはないか？

―㉑「このようにして……」のまとめの段落の後には、何を書いているのか？

㉒～㉗の役割、性格は同じか？　違うとすれば、どのように違うのか？

㉒～㉗の筆者の主張に対して、自分なりの意見を言ってみよう。

①～㉑までの部分と㉒以降との比較をしてみよう。その内容に違いがあるか？

―結局、私たちは、どうすれば、間違いのない自然利用、環境保護ができるのか？

イースター島の事例は、筆者の主張にとって、説得力のある根拠になっているのか？

なっていないとすれば、どこに問題があったのか？

⑥ ⑦ ⑧ ←	
←	
←	
←	
←	

（※下段は、児童が作成した学習課題との対応関係を示すために設けたものである。）

学習者（児童、生徒）の反応をもとにして作成した学習課題は、指導者が予定していた発問とどのような関係にあるのであろうか。

通常の学習指導においては、学習者の反応に基づく学習課題を活用して、授業構想をすることが望ましいが、一般的には、学習者の学力や課題意識を念頭に置きながらも、指導者によって用意されるのが普通である。時には、学習者にとって過大な要求になっていることや、発問の意図が分かりにくいものも存在することは避けられない。こういうことを考えると、授業の骨格をなす学習課題や発問は、学習者の反応に基づいて作られることが望ましい。

前掲の表から、指導者に用意して欲しいと考えて私が用意した発問群と、児童の反応をもとにして作られた学習課題群との関係をとらえることができる。

児童の作成する学習課題には、具体的すぎるもの、抽象的すぎるもの、時に的外れなものなど、様々なものがあるが、総体としては、学習指導計画の全体に及ぶものが用意されていることが分かる。ただし、児童の学習課題が、そのまま発問と同列に評価されるわけではない。抽象的なもの、漠然としたものは、教材に即して、具体化、構造化される必要がある。また、あまりに具体的で些末なものは抽象化される必要もあろう。

一般に、児童、生徒にとっては、部分的なこと、具体的なことに関する学習課題は、作成が容易である。しかし、物理的に、あるいは論理的に相互に距離のあるものについては取り組みが困難である。

しかし、前掲の表に関する限り、学習者の作った学習課題は、表の下欄に見るように、教材の全体に及んでおり、学習課題から発問、指示への変換の操作は必要であるものの、ほぼ、発問計画と重なると考えてよい。

指導者が用意する発問や指示と、学習者自身が作成した学習課題との重なりが大きい場合は、まず、学習者の作成した課題を活用するのがよい。そのような措置が、学習者の学習意欲の喚起につながるからである。

学習者の反応と、その反応に基づく学習課題は、抽象のレベルも様々であり、表現にも問題があり、指導者がそのまま活用することには困難があることも多いが、指導者は、指導者なりの発問計画を用意し、その計画に照らして、児童の発問、課題のうちで、活用できるものを拾い上げて、授業を構想することはできないであろうか。その可能性を前掲の表は示している。

(3) 第二次、第三次の学習活動

ア 精読（学習課題の解決）と段落分け

第二次の読みは、「精読」と呼ばれ、学習指導過程において最も多くの時間を要する活動である。「精読」は、第一次の読みである「通読」段階で生まれた反応に基づく学習課題の解決の活動でもある。「精読」に際しては、教材文を段落分けすることが前提になっていることが多い。この段階で分割される段落を、「意味段落」あるいは「大段落」と呼ぶ。「精読」に先行して「段落分け」という高度な行為が可能であるのか否かが問題視されたこともある。

形式段落の内容を精査して、その結果として文章全体の構造を把握するという活動を前提にするなら、「精読」に先行して「段落分け」を置くことには無理がある。しかし、私たちは、形式段落のすべてを精査した結果でなければ文章の全体構造が分からないわけではない。文章の全体構造を、「通読」の段階で把握する工夫について説明しておきたい。

文章の部分は、どれもが同じ重要さを持つ、平板な構造体ではない。重要度の高いもの、つまり構造の柱となるものと、それを支える部分とで構成される。そして、構造の重要な柱をとらえることで、私たちは、それが仮説の段階を出ないにしても、大して不都合のない程度に、文章の全体構造を把握していることが多いのである。早い段階での全体構造把握の手がかりは何か。それを、既に「2　教材研究の観点」で明らかにしたように、「論理指標表現」と呼ぶことにしている。部分と部分、あるいは部分と全体の関係を、直接的、間接的に指し示す指標である。単位は、語句から段落まで様々である。「論理指標表現」の機能について、具体的に解説しておこう。

①　文章全体の構造の指標

段落内部あるいは隣接する段落相互の関係を示す、いわば、規模の小さな関係の他に、文章の全体構造を指し示す機能を持つ「論理指標表現」がある。児童にとって難しいのは、隣接するもの同士の関係よりは、相互に距離のある、文章全体の構造に関わる指標の把握である。部分の積み上げは、堅実ではあるが、可能なら、大きな単位から小さな単位へという方向での関係把握を鍛えたい。例えば、次のような場合である。

a　問題提示文

・「どうぶつの　赤ちゃんは、生まれたばかりの　ときは、どんな　ようすを　して　いるのでしょう。そして、どのように　して、大きく　なって　いくのでしょう。」（「どうぶつの　赤ちゃん」、光村図書、一下）

教材の冒頭部分に「問題提示文」がある教材がある。このような「論理指標表現」は、後に、「答え」があることを指し示し（予告し、暗示し）ている。問いかけの直後に答えが書かれている場合もあるから、問い—答えという大きな構造になっているかどうか確信は持てない（その意味で「仮説」と言うのであるが）が、大きな柱になる可能性を持っている。

b　結論

教材文には、「このように」という表現で始まる段落を文章末に置くものが少なくない。「このように説明文」とも揶揄されることがあるが、重要な「論理指標表現」である。これは、先行する部分をまとめる機能を持つ。そのまとめる範囲が、文章全体にわたる場合は、文章の全体に及ぶ指標になっているのである。

・「このように、サンゴのうつくしい海では、たくさんの生きものたちが、さまざまにかかわり合ってくらしています。」（「サンゴの海の生きものたち」、光村図書、二上）

② 部分相互の構造の指標

①のような大きな規模のものでなく、隣接、近接するものの相互関係を示す指標も多い。

a 一般的提示―具体的事例

・「どんな生きものたちが、どんなかかわり合いをしているのでしょうか。」―「大きなイソギンチャクがいますね。……」(「サンゴの海の生きものたち」)

これは、「問い―答え」の構造の一部でもあるが、「どんな生きもの」―「イソギンチャク」は、抽象―具体という関係を示すものでもある。「いろいろなじどう車が、どうろを　はしって　います。」―「バスや　じょうよう車は」という関係も、これとよく似ている。

aによく似ているが、「結論・判断・意見」と「具体例(事例)」の関係もある。

・「また、一度分類したものも、その中でまた、ほかのとくちょうに目をつければ、もっと細かくわけることができます。」―「たとえば、お兄さん・お姉さん・あなたで引き出しを一度分けたとします。その後で、……」

(「分類」、光村図書、三上)

b 順序(列挙、比較など)

二つ以上のものの関係の順序、順番、比較等を示す指標がある。

・「はじめに、ありの巣から少しはなれたところに、ひとつまみのさとうをおきました。」―「次に、この道すじに大きな石をおいて、ありの行く手をさえぎってみました。」(「ありの行列」、光村図書、三上)

・「これらのほかに、とり入れる時期や育て方をくふうした食べ方もあります。」（「すがたをかえる大豆」、光村図書、三下）

次に示すのは、既に教材研究の対象にしてきた「イースター島にはなぜ森林がないのか」の中の段落である。「このように（して）」と先行部分をまとめる機能は、先の文章全体の構造をとらえる指標と同じであるが、この場合は、文章の途中で、先行する部分をまとめる働きをしている。

㉑このようにして、三万年もの間自然に保たれてきたヤシ類の森林は、ばっさいという人間による直接の森林破かいと、人間が持ちこんだ外来動物であるラットがもたらした生態系へのえいきょうによって、ポリネシア人たちの上陸後、わずか千二百年ほどで、ほぼ完ぺきに破かいされてしまったのである。

まず、「このようにして」は、先行する部分をまとめる指標である。そして、次の「AとB」という仕組みによって、先行する長い、入り組んだように見えた部分の内容は、この二つのことを原因とするものであったことを改めて知るのである。このような方法によって、この段落の部分で、前半の多くの部分をまとめ、それを元にして筆者の主張・意見が展開される残りの部分があるという構造が、おおまかに理解できたことになる。このような把握の是非が、精読という精密な読みの前提として重要な意味をもつ。

この他にも、さまざまな関係を捉える手がかりがありうる（注22）が、要は、従来考えられていたように、文章の各部を詳細に理解した上でないと文章全体の構造は把握できないと考えることは必ずしも正しくないということである。大きな規模の「問い」──「答え」のように、文章全体の構造把握が容易な場合の他にも、部分的に捉えうる関係を手がかりにして、仮定的にであれ、全体の構造把握ができる場合も多い。授業において問題が多いのは、「論理指標表現」のような手がかりもなしに、「四つの段落に分けましょう」などと無謀な要求をすることである。このような方法では、特定の教材を越えて働くような読みの力はなかなか身につかないし、論理的な考え方の育成にもつながることがない。「仮定的」「仮説」などと呼んだのは、通読段階での関係のつかみ方であるから、ひとまずは、精読段階での読みの単位（各時間に扱う範囲）を決めるためのものであり、この段階で、可能な限り論理をつかむための手がかりを掘り起こし、機能させはするが、それが本当に正しかったのかどうかは、精読という精密な読みの活動によって検証できるからである。仮説―検証を経た後に、また、第三次のまとめの読みがある。自由に発想させ、検討させ、自信のもてる結論に至るという道筋をたどることができるようになっている。

低学年児童による学習や、難解な教材を対象とする学習の場合には、指導者が、文章の構造を提示することもあり得る。このような場合でも、精読によって、なぜそのように文章構造をとらえたのかが納得できるように配慮したい。

イ　課題解決と創造活動

児童が生み出したり、授業者が提起した問題、課題は、児童が主体的に取り組み、解決を見いだすことが望まれる。また、児童は、単に、解釈し、吟味・評価する存在であるにとどまらず、教材に問題があれば、よりよいものにすべく主体的に取り組み、時には、新しい論理や表現、言葉を生み出すような存在でもある。

学習課題を、指導過程にどう位置づけるのかということについて、青木幹勇の注目すべき発言を、既に説明的文章教育に関する私の最初の著書である『認識主体を育てる説明的文章の指導』（注23）で取り上げている。該当する箇所を再度引用しておきたい。

「学習課題を、教材の論理展開の順序に配列して、ひとつひとつを解決してゆくことが妥当なように見えるが、それでは、学習課題にかかわる部分のみが浮きあがり、教材の論理構造を踏まえた緻密な読みができなくなるという傾向を生み出しやすい。

青木幹勇氏は、ここに明らかにしたのと同様の壁にぶつかったときに、つぎのような解決を見いだしている。

『まず、第一にあげなければならないことは、わたしの指導の誤りが、「問題を解きながら読む」というたてまえですすめようとしたところにあったということです。こういう指導の方向では、いけなかったのです。これとはむしろ逆に、「読みながら問題を解く」ということでなければならないのです。どこまでも読むことが主体なのです。問題も、よく読むため、たしかに読むため、読み深めるための問題であるべきです。読むという活動を基本にすれば、問題は、副次的なものになってきます。』」（注24）

読むとは表現することでもあり、極めて主体的、積極的な行為であると言ってきた。また、吟味・評価を主軸とする活動であるとも言ってきた。青木のこの発言は、彼の、学習者の反応を重視する立場からは、やや意外に思えるが、改めて、「精読」というものの性格を考えれば、納得の行くものでもある。

題名読みに始まり、吟味・評価という意味づけと、時には課題解決の後のひとまとまりの批評あるいは書き換え等の創造行為は、明らかに、読み手主体の活動である。このような読みは、実の場における普通の行為の原理でもあるところから、生活読みを重視すれば、このような仕組みの読みに行き着くし、従来の教材の論理を重視し、学習者の立場を視野に入れることの少ない実践に対するアンチテーゼであると考えれば、読者中心の、時には主観的、恣意的な行為を招きかねない危険性もあろう。

しかし、読むとは、教材及びその背後にある筆者と読み手との相互作用であり、読み手は、教材・筆者に束縛されつつ、自由を求めるという存在である。広義の「評価読み」は、「確認読み」を内包する行為であることは、既に説明してきたところである。「評価」―「確認」―「評価」という仕組みを持つのが、「評価読み」の学習指導過程である。題名読み、通読（読み手の論理の重視）―精読（教材の論理の重視）―まとめ読み（読み手の論理の重視）

と考えることもできる。「主観―客観―主体」ととらえる場合もある。いずれにしても、精読段階は、読みの対象である教材を尊重しつつ、精密に読む段階である。その行為は、先行する読者主体の活動の振り返り、立て直しにも繋がる。青木が、「問題を解きながら読む」のではなく「読みながら問題を解く」と言った真意もそこにあるのであろう。

先の「イースター島にはなぜ森林がないのか」に即して、課題解決としての学習活動を考察しておこう。

児童の作成した学習課題の一つに、

「③　イースター島の森林が失われてしまうまでの流れを説明するために、筆者はどのような工夫をしているだろうか。」

がある。児童、生徒の問題・課題作りの実態を見れば、具体的で、規模の小さいものが多いという傾向がある。しかし、この問題は規模が大きい。

このように、抽象レベルの高い課題の場合は、そのまま解決の対象にすることは難しい。そこで、学習課題を、具体化、細分化する必要がある。その活動自体も意味のある学習活動になる。

これは、例えば、「筆者は、問題を出して、その問題を解決する（答えを出す）までにどのような工夫をしているだろうか。問い―答えの間の説明の進め方を整理してみよう。」「説明の進め方に、私たちに対するどのような配慮や工夫がなされているか。」などとすれば、当初のものよりは具体的になる。

「イースター島にはなぜ森林がないのか」の発問例の表の下段には、児童の作った学習課題と発問例との関わりを大雑把ではあるが示している。その中には、点ではなく線で示さざるを得ないものがいくつか存在する。これらは、そのままでは内容が大きすぎて学習の対象としては、手に余る。そこで、取り組み可能な形にまで具体化することが必要になってくる。そのような問題作りは、学習の方法を構想する上で大きな意味がある。

この教材の「評価読み」の学習課題解決の構想としては、教材の終末部分に関わるものを重視して考察してみたい。すなわち、次のような学習課題である。これは、児童の作成した学習課題③に加えて、⑧及び⑨に関するものを、授業者の立場に立って取り組み可能な発問の形で作り直したものである。

③　イースター島の森林が失われてしまうまでの流れを説明するために、筆者はどのような工夫をしているだろうか。

＋

⑧「子孫に深く思いをめぐらす文化を早急に築けるかどうかにかかっているのではないだろうか。」と書いてあるけど私たちは何をすればいいのか。

⑨　どうしてイースター島の森林破かいを説明したのか。

⇦

A―㉑「このようにして……」のまとめの段落の後には、何を書いているのか？

㉒～㉗の部分と役割、性格は同じか？　違うとすれば、どのように違うのか？

㉒～㉗の筆者の主張に対して、自分なりの意見を言ってみよう。

①～㉑までの部分と㉒以降との比較をしてみよう。その内容に違いがあるか？

B―結局、私たちは、どうすれば、間違いのない自然利用、環境保護ができるのか？

イースター島の事例は、筆者の主張にとって、説得力のある根拠になっているのか？　なっていないとすれば、どこに問題があったのか？

Aの問いに答えるためには、教材文全体に目を配る必要があり、筆者の説明の特徴、工夫、さらには問題をも浮き彫りにすることになる。この教材文は、㉑段落を境に性格の異なるものになっている。イースター島が森林を失っていく過程そのものにも筆者の関心がなかったとは言えないが、むしろ、その事例に基づいて人類の自然利用、自然保護の問題を提起することに重点を置いているのであろう。児童の作った学習課題③に対する答えの一つになる。

児童の作る課題は、断片的であったり、ぶっきらぼうであったりという特性を持っている。そのまま学習の場に持ちこむと混乱を引き起こしたり、漠然としていて意欲を殺ぐような場合もある。素材としての児童の問題、課題を、真に学習の対象、課題解決の対象となるような形に変えることも重要なことであり、このことのために、指導者には、発問者（あるいは学習課題作りの一員）としての存在意義がある。問題の作り方、洗練の仕方の学習の機会を大切にしたい。

また、Bは刺激的な発問であるが、これは児童の作った学習課題⑧に直結するし、結局⑨に関わる問題にもなる。筆者の鷲谷さんの言いたいことは分かる。そして、その主張の内容に異論はない。しかし、その主張の根拠、主張の説得力という点には、「吟味・評価」の対象にすべきものがある。児童は、その点を問題にしているのである。「結局、……私たちは何をすればいいのか。」は、児童による筆者に対する異論、反論であり、読者として納得しようとしてできない苛立ちとも受け取ることができる。

このような児童の反応、そして彼らの作った学習課題は、しばしば、指導者によっては、「素直でない」、「迷惑な存在」として迷惑がられることがあることを、私は、体験によって知っている。しかし、児童は、国語教室の読みの学習においては、礼儀を学ぶことを主要目標にしているのではない。ここでは、論理を学び、論理的認識の方法を学んでいるのである。本気で読み、読んだ文章に、論理的に納得の行かないものがあり、しかもそれが放置しておけないほどに重要なものである場合には、黙って受容するわけにはいかなくなる。倫理的な問題ではなく、論理的な問題なのである。素直かどうかという基準でとらえてはならない。

さて、ここで、Bの問題（児童の作った課題⑧）について、考えてみよう。この問題に関する学習は、本教材の「評価読み」の最も重要な対象の一つになると思われる。

「イースター島にはなぜ森林がないのか」を吟味・評価するとどのようなことが明らかになるであろう。右の児童の疑問は、まっすぐに、問題をとらえている。

「確認読み」の結果、島から森林が消えてしまった理由とその過程は、叙述に即して理解する限りにおいて、まずはつかむことができたとしよう。その理解の内容とは、森林消失の理由は二つあり、その一つは、ポリネシア人たちが木を伐採してしまったこと、他の一つは、ラットがヤシの実を食べてしまったらしいということである。理由一については、伐採の目的がいくつも書きこまれていて、やや分かりにくくなっているが、大きな柱は、このようなことである。そのうちの重大な理由は、「ラット」にあると推測されている。

「ラット」を説明するに際して、筆者は、児童が学習課題⑥、⑦のように疑問を抱くような書き方をしている。

⑥　本当にラットがヤシの実を食べて、新しい木が生えてこなかったといえるのか。
⑦　なぜ筆者は語尾をびみょうに書いたのか。（ラットのことを説明しているときだけ、なぜびみょうに書いたのか。話として出すなら、はっきり書けばいいのに。）

「語尾を微妙に書く」というのは、断定表現でなく、次のような表現をしていることを指す。

・「……野生化したラットが、ヤシの木の再生をさまたげたらしいのだ。」
・「そのラットたちがヤシに実を食べてしまったために、……育つことができなかったようなのである。」

最も深刻な理由を挙げながら、ポリネシア人の森林伐採の事実に比して、根拠が推測の域を出ないということを児童は問題にしているのである。これはもっともな疑問であり、教材研究に際して、私たちも十分に確認しておかなくてはならないことであろう。

教材に即して言えば、そのラットは、人間の他に「もう一種類、別のほ乳動物」として、「ひそかに上陸していた」のである。ポリネシア人たちは知るよしもなかった。このことは教材文の⑥、⑦段落に布石のように置かれている。あたかも推理小説のような工夫がなされているのである。

さて、筆者は、「ラット」が原因「らしい」と推測しつつ、次のように自分の考えを表明している。

・「……、このイースター島の歴史から、私たちが教えられるのは次のようなことである。すなわち、ひとたび自然の利用方法を誤り、健全な生態系を傷つけてしまえば、同時に文化も人々の心もあれ果ててしまい、人々は悲さんで厳しい運命をたどる、ということである。」

・「祖先を敬うためにモアイ像を作った人々は、数世代後の子孫の悲さんなくらしを想像することができなかったのだろうか。」

・「……今後の人類の存続は、むしろ、子孫に深く思いをめぐらす文化を早急に築けるかどうかにかかっているのではないだろうか。」

児童の作った学習課題⑧、私の用意したBは、この問題にかかわるものである。

教材を「確認読み」してみて、ポリネシア人が何をしたのかは分かる。しかし、イースター島から森林がなくなったことについて、彼らに責任があったとだれが言えるのであろう。筆者も、

森林から太い木をばっさいしたとしても、絶えず新しい芽が出て、順調に成長していたとしたら、森林には常に太い木が存在し、人々のくらしに必要な材木も持続的に供給されたはずである。

と書いているのである。「長い船旅の間の食料」として積んでいたラットが、ポリネシア人たちの知らぬ間に、「ひそかに」島に上がっていたのである。ポリネシア人は、ラットの上陸については責任を負えない立場にある。この不可抗力とも言える事実を取り上げて、「利用方法を誤り、健全な生態系を傷つけてしまえば……」ということは、説得力を欠く、過酷な警告とは言えないだろうか。ポリネシア人たちは、自然の利用方法を誤ったのか。多くの地域で、同じように自然を利用しながら、人類は生活をし、文化を築いてきたのではなかろうか。健全な生態系を傷つけたのは、予想もしなかった「ラット」であり、しかも「ラットらしい」という推測の域を出ていない事実である。

「祖先を敬うためにモアイ像を作った人々は、数世代後の子孫の悲さんなくらしを想像することができなかったのだろうか。」

という批判にも無理はないだろうか。おそらくモアイ像を作ることが子孫を悲惨な暮らしに追い込むことなど想像できなかったに違いない。そして、それを彼らの罪とするのは過酷である。結局、この教材を学習した結果として、児童は、自分たちが何を求められているのかを明確につかむことはできない。訴えている内容は把握できる。しかし、「子孫に深く思いを巡らす文化を早急に築くために」何をすればよいのかは、一向に見えてこない。

ここに書いたような問題について、児童は、問題の所在を、見事に表現している。(注25)

○　ラットが森林破壊につながっているとは限らないのだから、「ばっさいという人間による直接の森林破かいと人間が持ちこんだ外来動物であるラットがもたらした生態系へのえいきょうによって」とはっきり言うのはおかしいと思う。

○　人間による直接の破かいと外来動物であるラットがもたらした生態系へのえいきょうによって、ほぼ完ぺきに破かいされてしまったのであるとはっきり書いてあるけど、前には「ようなのである」と書いてあるから、はっきり言い切ったらいけないと思う。

○　二つの原因で森林は破かいされたといっているが、ラットによるさまたげは、まだはっきりしていない。

児童作の学習課題⑧への取り組みに際しては、「このイースター島の歴史から、わたしたちが教えられるのは、次のようなことである。すなわち、……」として、「……」の部分を創造させてみることもできよう。

例えば、次のようなことを事実として書くことはできるかもしれない。

「自然から豊かな恵みを受けて生活をしているが、知らぬ間に、その自然を傷つけ、生態系を傷つけてしまうことがある。その結果、文化も人々の心もあれ果ててしまい、悲さんで厳しい運命をたどることもある。」

高度な活動ではあるが、ひとたび、筆者の訴えに疑問を持った児童であれば、このような活動に取り組む用意はできているのではなかろうか。

「イースター島にはなぜ森林がないのか」の読みにおける児童の一連の反応を見てきて、読むとは表現行為でもあるとの思いを強くする。読むことそのものが、積極的な働きかけの行為であるが、さらに、発展的に表現・創造行為を生み出す実践を構想することもできよう。

「アップとルーズで伝える」（中谷日出、光村図書、四下）は、少々、論理構造の把握しにくい教材であるが、この教材の論理を、読者にとって分かりやすくするにはどのように書き換え、書き加えることが可能かというような問題に、児童は喜んで取り組み、解決策を提案してくれる力を持っている。前半で、「分かる」「分からない」という観点から説明してきたものが、「まとめ」の段階では、「伝えられる」「伝えられない」と立場がかわっているのはなぜかというような問題にさえ目が向けられ、タイトルとの関係を頭に入れながら、彼らなりの創造的な意見が出せるようにもなる。「はじめ」―「なか」―「おわり」のうちの「はじめ」を欠く教材文の「はじめ」を創造してみるというような活動は、一見して無理なことの強制のようにも映るが、実は、児童の好むところである。

第三章で取り上げた「ありの行列」について、児童による教材文の修正、創造の例がある。その誕生の過程と結果を取り上げておこう。これは、第三次の活動と第四次の活動との接点のような要素を抱え込んでいるが、課題解決活動の一つの結実した姿と考えておきたい。

児童Yは、教材の仕組みを、まず、つぎのようにとらえている。（注26）

【確認読みのメモ】

①　筆者大滝さんはどんな工夫をしているか考えよう。

はじめ

・なぜ、ありの行列ができるのでしょうか。
　読者への投げかけ、読みたくなる。
・ありはよくものが見えません。
　読者が知りたくなる。

なか

・はじめに・そこで・次に
　ウイルソンがやったことの順序が分かりやすい。

【疑問反応メモ】

・段落⑩はかえた方がいいと思う。その訳は、⑩は「なぜ、ありの行列ができるのでしょう。」の答えになっていないからです。
・また、アミメアリは、行列を作りますが、オオクロアリや、クロヤマアリなどは、せいぜい数匹がかたまるだけで行列を作ることはありません。これらのありは、同じようにおしりのところから、特別なえきを出すのに、どうして、行列を作るありと作らないありがいるのでしょうか。
　この理由は、アミメありは、非常に小さいありですが、オオクロありなどは身体が大きいので、食べ物を自分だけで運ぶことができ、運ぶことができないような大きな食べ物は、小さく切りはなして運んだり、数匹の仲間と一緒に運んだりするからです。

おわり

このように

結論、まとめが何かよく分かる。

Y児は、教材文の構造をとらえながらも、自分の経験に照らして、教材文の内容に疑問を抱くことになった。特に、ありの行列を目撃したことがないという経験的事実と教材の内容を付き合わせて、教材の内容からは納得できない状況に陥った。

そこで、多摩動物公園の櫻井博氏に問い合わせの手紙を出した。櫻井氏は、懇切丁寧な返事をくれた。その返事が、教材文の書き換えに大きな影響を及ぼしているので、手紙の一部を紹介しておこう。(注27)

アミメアリやトビイロケアリのような甘い物が好きな小型のアリ（好蜜性のアリ）は、よく行列を作ります。逆にオオクロアリやクロヤマアリなどは、せいぜい数匹がかたまる程度で、行列を作ることはありません。この理由は、オオクロアリなどは身体が大きいので、食べ物を自分だけで運ぶことができますし、手に余るような大きさの食べ物の場合は、小さく切り離してひとりで運んだり、数匹の仲間と一緒に運んだりして、しまつすることができるのです。（クロオオアリなどは、大きな食べ物を見つけると、フェロモンを出しながら巣に帰り、仲間を集めて食べ物のあるところまで連れて行くようです。）

また、アミメアリの場合は、石や倒木などの下に巣を作りますが、よくひっこしをします。このときにも行列を作ります。

（以下略）

教材を読んで抱いた疑問の解決のために、Y児は、動物公園の専門家に問い合わせをするという方法で情報を入手し、その情報を活用しながら、教材文を書き換えるという活動をしている。（もっとも情報入手には、さまざまな方法があり、その方法の模索もまた、読むことの指導の重要な内容になるのである。）

Y児が書き上げた新教材、『行列をつくるアリ』を掲げておく。

行列をつくるアリ

三年　Y・R

行列をつくるアリにアミメアリというアリがいます。その行列は、アリの巣から、えさのある所まで、ずっと続いています。アミメアリは、ものがよく見えません。それなのに、なぜ、行列ができるのでしょうか。

アメリカに、ウィルソンという学者がいます。この人は、次のような実験をして、アリの様子をかんさつしました。はじめに、アリの巣から少しはなれた所に、ひとつまみのさとうをおきました。しばらくすると、一ぴきのアリが、そのさとうを見つけました。これは、えさをさがすために、外に出ていたはたらきアリです。アリは、やがて、巣に帰っていきました。すると、巣の中から、たくさんのはたらきアリが、次々と出てきました。そして、列を作って、さとうの所まで行きました。ふしぎなことに、その行列は、はじめのアリが巣に帰るときに通った道すじから、外れていないのです。

次に、この道すじに大きな石をおいて、アリの行く手をさえぎってみました。すると、アリの行列は、石の所でみだれて、ちりぢりになってしまいました。ようやく、一ぴきのアリが、石のむこうがわに道のつづきを見つけました。そして、さとうにむかって進んでいきました。そのうちに、ほかのアリたちも、一ぴき二ひきと道を見つけて歩きだしました。またたんだんに、アリの行列ができていきました。目的地に着くと、アリは、さとうのつぶをもって、巣に帰っていきました。帰るときも、行列の道すじはかわりません。アリの行列は、さとうのかたまりがなくなるまでつづきました。

これらのかんさつから、ウィルソンは、はたらきアリが、地面に何か道しるべになるものをつけておいたのではないか、と考えました。

そこで、ウィルソンは、はたらきアリの体の仕組みを、細かに研究してみました。すると、アリは、おしりの所から、とくべつのえきを出すことが分かりました。それは、においのある、じょうはつしやすいえきです。

この研究から、ウィルソンは、アリの行列のできるわけを知ることができました。

はたらきアリは、えさを見つけると、道しるべとして、地面にこのえきをつけながら帰るのです。ほかのはたらきアリたちは、そのにおいをかいで、においにそってあるいていきます。そして、そのはたらきアリたちも、えさをもって帰るときに、同じように、えきを地面につけながら歩くのです。そのため、えさが多いほど、においが強くなります。

このように、においをたどって、えさの所へ行ったり、巣に帰ったりするので、アリの行列ができるというわけです。

また、アミメアリは、行列を作りますが、オオクロアリやクロヤマアリなどは、せいぜい数匹がかたまる程度で、行列を作ることはありません。これらのアリは、同じようにおしりの所からとくべつのえきを出すのに、どうして行列を作るアリと作らないアリがいるのでしょうか。

その理由は、アミメアリは、ひじょうに小さいアリですが、オオクロアリなどは体が大きいので、食べ物を自分だけで運ぶことができ、運ぶことができないような大きな食べ物は、小さく切りはなして運んだり、数ひきの仲間といっしょに運んだりするからです。

(4)　第四次の活動——学習の到達点

題名読みから、第一次（通読）、第二次（精読）を経て、読みの行為は、第三次（まとめ読み）に至り、読みの対象を吟味し、評価した結果は、全体の読みの行為のまとめをすることになった。まとめ読みのさらに先に位置するものとして、ある程度まとまった評価と、問題状況に対する打開策を示す創造活動ともいえる行為がある。それを「批評文」、「評価文」づくりとしている。発展的活動であり、すべての学習者に要求すべきものとは言えないが、自らの読みの過程を振り返り、教材に対する最終的な評価を、一つの構造体としてまとめ、場合によっては読者の立場から提案、提言をしてみるということには積極的な意味がある。このような高度な行為が、児童、生徒に可能であるのかという疑問が生じるであろうが、学習者の創意には、指導者の予想を超えるものがある。

「評価読み」という教材を吟味・評価する立場から行う読み、あるいは教材研究は、これまで厳密な検討なしに受け容れられてきた教材を見直す契機を提供してくれる。欠点、欠陥を洗い出すことが目的ではなく、長所と問題点を公正な観点から明らかにすることを目指していく、いわば穏やかな読みと言ってもよい。次に掲げるのは、ここまで幾度も検討の対象にしてきた「イースター島にはなぜ森林がないのか」の学習の最終段階（学習指導計画の「第四次（二時間扱い）学習したことを振り返り、筆者の工夫が効果的なところともう一工夫ほしいところを書く。」）の学習結果としての記録の一部である。ここでは、長所と問題点の両方の観点から教材の最終評価がなされている。ひとまとまりの文章を批評文として書く場合もあるが、それは負担が重い。このようにワークシートに簡潔に書きこむことによっても「評価読み」の結果としての教材の最終評価の内容の概略をつかむことができる。（注28）

筆者の工夫の効果的なところ	もう一工夫ほしいところ
本の内容はイースター島に森林がないわけを説明していく内容なのに、ラットやポリネシア人やモアイ像が本の中に出てきて、なぜそれらが取り上げられているんだろうと思いながら読むのはとても楽しいと思うので、そこがとてもいいと思いました。	教科書にはモアイ像の写真ばかりのっているんだけど、森林がばっさいされているところの写真やヤシの実を食べたらしいラットの写真とか具体的な写真をもうちょっと載せたら分かりやすいと思いました。

モアイ像やラットのことを書いていて森林のことと関係がないような感じで書いていて、みんなの疑問になるようになっている。小豆島という大きさの例を出して分かりやすく書いてある。森林のなくなった理由がくわしく書いてあってわかりやすい。	「子孫に深く思いを……」の所をもう少しわし谷さんにくわしく書いて欲しかった。本当にラットが木の再生をさまたげて森林破かいになったのか、もう少しくわしく書いてほしい。
読む人が興味をもつようにできている。例えば、「～だろうか」「～なのだろうか」など、疑問を投げかけるように書かれているところが多いし、「これが後に」とか、後でこれが出てくるというのを書いてあって、そこまで読みたくなるように書いてある。	一番最後のところはもう少しくわしく、わかりやすく書いてほしかった。「子孫に深く思いをめぐらす文化を早急に築けるかどうかにかかっているのではないだろうか。」とはどういうことなのか、もう少しくわしく説明してほしかった。
筆者の工夫の効果的なところは、イースター島の説明を先にしたことです。説明を先にしたからイースター島はどんなところなのかがわかるからいいと思いました。もう一つは、イースター島の森林が失われてしまうまでの流れを古い順に書いていることです。古い順に書いてあるから、どうやって森林がなくなっていったのかわかるからいいと思いました。	「子孫に深く思いをめぐらす文化を早急に築けるかどうかにかかっているのではないだろうか」と書いてあるけど、私たちは何をすればいいのかわかりやすく書いてほしい。
イースター島の説明を先にして、本題を後に書いて読む人が興味をもつようにしたところ。イースター島の面積の表し方は全国の人のことを考えていていいと思う。	⑳段落では「ラットが森林再生をさまたげたらしい」なのに、㉑段落でははっきりと「のである」と書いているから、よくわからないならそうなるような文を書いてほしい。

順序などを工夫して、読者を引きつけていた。一つ一つの説明のむだを省いて必要なことを選んでうまく説明していた。（以下略。）	㉑段落の「このようにして……」では、ラットのことをきっぱり書いているけど、それより前のラットの説明では語尾をにごしている。

説明的文章教材の命は短いといわれている。文学教材に比して、たしかに長く生き残る教材は数少ない。内容の鮮度が落ちるということもあろうが、文学教材に比して、読者の介入する自由があるという文章の特性から、様々な意見、異論、批評が出てきた結果として、教科書の改定期に、他の教材と差し替えるという方法を採ってきたという事情があるのであろうと考えられる。このような方法に安易に賛同はできない。それは、以下の理由による。

まず、内容の鮮度の問題である。小学校の説明的文章教材の素材は、自然科学の領域に関するものが大半を占める。したがって、教材の内容としては、理科と通じるものがあり、内容を重視すると、理科の学習指導と変わるところのない性格のものになりかねない。実際、時々、そのような研究授業に遭遇することがある。しかし、国語科の説明的文章の授業は、理科の授業でないことは当然である。敢えて言うなら、説明的文章の内容は、どのような分野・領域のものであっても構わない。鮮度を失った内容のものであっても一向に構わないのである。むしろ知悉していることがらが、どのように扱われているのかを吟味・評価するためには、内容の古いことは問題ではなく、長所ともなりうる。

次に、人間の手になる文章に、完全、完璧ということはない。もしも、そのような考えにとらわれているとするなら、既に、吟味・評価の読みから最も遠いところに位置していると考えなくてはならない。このところ稀にはなったが、教科書教材は完璧であると信じ込んでいる国語教師や国語教育関係者に出会うこともある。それは、信仰（教科書信仰）という行為であって、事実に反する。人間の手になる文章であれば、個性や問題もあり得る。文章を、バイブルではなく、個性的な存在であるとしてとらえることが、「評価読み」の出発点である。

さらに、個性的な存在としての教材を活かすことを積極的に考えなくてはならない。特に、あらゆる教材には、個性とともに、偏りや欠落、飛躍といったような問題を抱え込んでいるものが多い。数多くの教材を分析、考察した結果（つまり「評価読み」の結果）として、このような問題のない文章はほとんど存在しないと言ってよい。実践者の授業分析の席で、教材にも問題があり得るという発見が、「評価読み」の重要性に気づく契機になることが多い。これまで、完璧であり、叙述通りに内容をなぞることで読みが完成すると考えてきた、そのことが揺さぶられ、教材というものに対する新しい目が開かれるのである。その時に表れる表現が「目から鱗」である。この言葉を何度も耳にしている。このような意味では、個性と問題を抱える文章は、吟味・評価の読みにとって、最適な教材である。文学教材では遠慮のあった吟味、評価の行為が、説明的文章では、筆者と同じ土俵に上がって実行可能になる。場合によっては、よりよいものに作り替えるという創造行為さえも可能になり、教材を超えることもできる。情報というもののとらえ方が変わってくる。本来的な意味でのメディア・リテラシーが習得できることになる。

【注】

1 児童言語研究会、『新・一読総合法入門』、一光社、一九七六、二四～二五頁

2 石山脩平、『教育的解釋學』、一九三五。以下に引用するものも含めて、石山脩平の二著、『教育的解釋学』、『國語教育論』は、光村図書版の『近代国語教育論大系』14巻、一九七五によった。また旧字体は新字体に改めた。頁数は、光村版による。

3 2の書。一二九頁

4 2の書。一三〇頁

5　石山脩平、『國語教育論』、一九三七、三一三頁
6　加藤之典、『読み手の論理を生かす説明的文章の学習指導』、私家版、一九九五、全一〇二頁が、「雪国は今――」の学習指導の記録になっている。
7　よこはま国語の会・若僧の会編著、『小学校国語科若い先生のための「いい授業」づくり――説明文を楽しく読む――』、東洋館出版、二〇〇九、一三三頁
8　森田信義編、『説明的文章教材の実践研究文献目録　第二集（一九八四年三月～一九九〇年一二月）』、溪水社、一九九一に、小学校から高等学校に至るまでの国語教科書所収教材一覧表があり、それを利用している。
9　森田信義編、「国語教育関係雑誌等掲載論文総目次　創刊号から二〇〇五年四月」、データベース
10　児童言語研究会編、『一読総合法入門』、明治図書、一九七六、二六～二七頁
11　10の書。三一頁
12　児童言語研究会編著、『今から始める一読総合法』、一光社、二〇〇六、五五頁
13　12に同じ。
14　12に同じ。
15　12の書。五八頁
16　15に同じ。
17　6の書。四六頁
18　青山之典・森田信義、「小学生による批判読みの実際」（「学校教育実践学研究」第12巻、広島大学大学院教育学研究科附属教育実践総合センター、二〇〇六）、一九〇～一九一頁
19　18の論文。一九四頁
20　19に同じ。
21　二〇一〇年度、福山市立旭丘小学校における実践資料より。
22　森田信義著、『説明的文章教育の目標と内容』、溪水社、一九九八参照。「第八章　説明的文章の教材研究に関する提案――『論理指標表現』に着目する――」で詳しく説明している。
23　森田信義、『認識主体を育てる説明的文章の指導』、溪水社、一九八四

24 青木幹勇、『青木幹勇　授業技術集成——問題を持ちながら読む』、明治図書、一九七六、八七頁参照。
25 18の論文。一九八頁
26 森田信義、「『わかる』の位相——説明的文章の読みの場合——」、「広島大学大学院教育学研究科紀要　第一部（学習開発関連部門）」第54号、二〇〇五、一一〇〜一一一頁。実践は、福山市公立小学校教諭（現・福山市教委指導主事）、谷本寛文氏によるものである。
27 26に同じ。一一一頁
28 18の論文。二〇〇頁

補　章　児童は、「評価読み」をどう受け止めているか

学習者（児童）の、評価読みによる説明的文章の学習の態度とその力量には、胸を打たれることが多い。その理由は、長い間、学校においてなおざりにされていた、自然の、生活の原理に根ざす読みを、軽々と実現してくれていることであり、その学習の過程で表出される彼らの内面が、堂々としていて、しかも謙虚であり、成人の私たちが忘れかけていたことを、当然の行為であるかのように示してくれているからである。

「評価読み」は、単なる読みの理論や方法ではない。これは、私が、「評価読み」を主張する出発点で考えていたことであり、今も確信をもって言えることである。「評価読み」は、人間のあり方を反省し、よりよい生き方を模索することに資する有効な理論であり、方法である。

長年にわたって、研究のアドバイスを続けている、福山市立旭丘小学校の児童は、社会見学や修学旅行に出かけた先から、彼らの挙措動作について、高い評価を受けているということを校長さんから聞いた。生活のあり方そのものが、きちんとしているというのである。いつも、ものごとの本質を探究しようとする姿勢、相手の立場を認めつつ、公正な立場から評価ができること、問題がある場合は、勝ち負けでなく、よりよい解決の道を探る態度と方法が身についていること、他者を論理的に説得できる認識のレベルと表現の方法を身につけていること、これらが相まって、評価読みのできる児童を形成しているのである。この貴重な資質は、今日の多くの日本人が失ってしまっているものであり、しかも残念なことに、失っていることが当然と考えてしまう状況になっている。評価読みによ

る読みを体験し、習得した児童が、多くの日本人の目に新鮮に映るのは当然であるとも言えよう。国語という教科は、学校における基礎的・基本的教科である。そして、それは、人間形成に与る、基礎・基本の学習指導の場でもあると考えたい。

旭丘小学校では、二〇〇九年九月に、児童に対して、「説明的文章の学習に関するアンケート」を実施している。その結果のうち、「評価読み」に関わる部分を抽出して提示し、その意味を考えておきたい。(注1)

○「説明文の学習が好きですか。」の問いに、「はい」と答えた児童の理由(自由記述)
・書き方の工夫を見つけるのが面白い。作文を書くときにその工夫を使えるから。

「筆者の工夫」を学習の対象にするということは、「評価読み」の基本である。そのことに「面白い」と反応してくれていることが喜ばしい。教材は、特定の筆者の工夫の結果である。優れていると判定される結果であれば、自分の作文にも取り入れて行くことが可能である。作文の不振の理由として、「モデル」の欠如が挙げられるが、教材文の評価の結果として、優れたものを、モデルとして自分の表現方法に活かすということが可能になるのであれば、読み物教材の価値も高くなるというべきであろう。

○「文章を読むとき、どんなことを考えながら読んでいますか。」の問いに対する児童の考え(自由記述)のうち、
【書き方の工夫を捜す読み方】
・同じ言葉を使っているか、言い換えていないかさがしている。
・今までの文章の書き方と比べながら読んでいる。

・今までに習った工夫がかくれていないかさがしている。

旭丘小の児童は、しばしば、「これは、前に勉強した○○に似ている。」とか、「前に勉強した△△ではこうなっていた。」という発言をする。これは、非常に大事なことであって、教科書の系統性、学力のスパイラル構造（螺旋構造）ということを意識するなら、指導者としては喜ぶべきことである。彼らは、以前に学習したことを基礎にして、発展的に学習をしていることが分かる。一つ一つの単元、教材を、決して切り離し、孤立させてはいないのである。しかも、「筆者の工夫」に関わる学習が、系統的、発展的に行われているのである。

○「説明文の学習が役に立ちますか。」の問いに「はい」と答えた児童の理由（自由記述）
・言葉の使い方を変えているというような工夫に気づくようになった。前はなんとなく読んでいた感じがする。
・筆者の工夫をみつけようと思ったら読み方が注意深くなった。「前にならったあのことがあるかな」と考えながら読むと工夫がよくみつけられるようになった。
・筆者もただ書いているのではなく、どう書くか考えているのだと感じるようになった。書き手がどう思ってこう書いたのか考えると本を読むのも楽しくなる。
・新聞を読むときにも大事な文が分かるようになった。
・前は何が書いてあるか読むだけだったけど、「どうしてこう書いたのかな」と自分で考えながらよむようになった。
・社会や理科の教科書もすぐ読めるようになった。意味もすぐ分かるようになった。
・算数の文章題でも役立っている。

国語科以外の教科の教科書は、説明的文章で書かれている。算数の文章題ができないのは国語力に原因があるとも言われている。新聞は、多様なジャンルの文章が混在してるが、多くは説明的文章である。つまり、説明的文章の学習効果は、予想外に大きいのである。しかも、単にあるがままに読むという能力ではなく、書き手の意図や個性や問題を念頭に置きながら、多様な場、多様なジャンルの文章に対面することで、児童の生活の多くの場面で、説明的文章理解の能力が生きて働いているということが分かる。

○　自分の考えをもち、評価する読み方
・なぜこの題にしたか考えながら読んでいる。
・題名と中身がつながっているか考えている。
・「まとめ」と「なか」はあっているか考えている。
・具体的に何を書いているか、例の出し方に気をつけている。
・筆者の考えはどこにどのように書いてあるか考えている。
・書いていることと自分の考えとを比べながら読んでいる。
・自分だったらどう書くかと考えながら読んでいる。
☆　小学校の時は、筆者が書いていることを見つけるだけではなく、書き方について分かりやすいかどうかや、より良い書き方はないかと考える勉強が多くて、国語が楽しかった。（卒業生の言葉より）

ここに表れている反応には、直接に、評価しながら読むという読みに関わるものが多い。「なぜか」と問いかけ、「これでいいのか、分かりやすいといえるのか」と自問する、「自分の知っていることや体験していることに比べればどういうことになるのか」、さらには「自分だったらどう書くのか」という問いかけは、おそらくは、学校では迷惑がられる反応といっても過言ではないだろう。

しかし、このような問いこそが、「評価読み」の問いであり、さらに、重要なことは、学校では迷惑がられるかもしれないこれらの問いは、学校内外の生活の場、つまり「自然の場」では、ごくごく当然の反応なのである。ありのままの、個性的で、豊かな読みから生まれる反応と言ってもよい。

最後の☆印は、卒業生による反応であるが、小学校段階での「評価読み」の学習体験を持ちながら中学校に進学し、中学校での「確認読み」中心の学習指導に落胆していることがよく分かる。残念ながら、これも現実である。

一方で、次のような反応は何を意味するのであろうか。

・文のはじめと終わり（主語と文末）に気をつけている。強めて言っているかどうか文末をみている。中心文はどれか、分かりやすいか考えている。
・何のことを書いているか考えて読んでいる。その段落に書いていることは何か考えている。
・「事実」と「意見」を分けながら読んでいる。
・筆者は何を伝えたいのか考えながら読んでいる。
・「問い」や「答え」はあるか気を付けている。
・「はじめ」「なか」「おわり」に分けながら読んでいる。

ここに挙げたものは、「確認読み」の性格の強いものである。筆者が、何をどのように書いているのかを確認するための読みは、従来の国語教室の主流であり、その能力の改善にも多大の精力を必要とし、しかもなかなか成果が上がらなかった。そこで、「確認読み」の能力も低い児童に、「評価読み」などは到底無理だという意見が出てくるのも無理からぬことであるが、しかし、事実は異なる。「評価読み」を実践することによって、「確認読み」の能力も伸びるのである。書いていることを確かに読まないと、自分の意見には確信が持てない、友だちは納得してくれない。友だちの意見に反論するには、文章を確実に把握しておかなくてはならないという関係が、二つの読みの能力をともに育成することになっているのである。

このような関係は、意外ではない。いわば、当然の結果である。仮に、「評価読み」を推進したために、確認読みの能力が一層低下したなどという結果が出たとすれば、「評価読み」そのものが破綻しているのである。指導者としては、誰が実践してても同じ結果が出るとは言えないのが、厳しい現実である。場合によっては、評価読みの指導に失敗することがあろう。そういう事例も多々見聞している。しかし、そのような場合も、評価読みを止めればよい結果が出るというわけではない。問題を見えにくくしているだけである。

評価読みは、児童にとっては楽しい読みである。また、指導者にとっても、厳しいけれども刺激的で楽しい教材研究、学習指導研究の機会である。厳しい試練の積み重ねの結果としての楽しい読みの授業は、必ず児童によい結果をもたらすと信じているし、多くの実践者が実証してくれている。

能力の限りを尽くして教材研究に取り組み、授業を構想し、分かりやすい授業を実現していくという専門家が、数多く現れて、この国の児童を、頼もしい国民に鍛え上げて下さることを期待してやまない。

【注】

1　アンケートは、福山市立旭丘（あさひがおか）小学校で、二〇〇九年九月に実施されたものを、現教務主任川本哲嗣教諭から提供を受けたものである。アンケートの質問項目は、引用者が組み直して提示していることをお断りしておく。

資料編

資料1　教材文「どうぶつの　赤ちゃん」（光村図書、一下）

どうぶつの　赤ちゃん

ますい　みつこ文／いわたつ　かよみ　え

どうぶつの　赤ちゃんは、生まれたばかりの　ときは、どんな　ようすを　して　いるのでしょう。そして、どのように　して、大きく　なって　いくのでしょう。

ライオンの　赤ちゃんは、生まれた　ときは、子ねこぐらいの　大きさです。目や　耳は、とじた　ままです。ライオンは、どうぶつの　王さまと　いわれます。けれども、赤ちゃんは、よわよわしくて、おかあさんに　あまり　にていません。

ライオンの　赤ちゃんは、じぶんでは　あるく　ことが　できません。よそへ　いく　ときは、おかあさんに、口にくわえて　はこんで　もらうのです。

ライオンの　赤ちゃんは、生まれて　二か月ぐらいは、おちちだけ　のんで　いますが、やがて、おかあさんの　とった　えものを　たべはじめます。一年ぐらい　たつと、あかあさんや　なかまが　するのを　見て、えものの　とりかたを　おぼえます。そして、じぶんで　つかまえて　たべるように　なります。

しまうまの　赤ちゃんは、生まれた　ときに、もう　やぎぐらいの　大きさが　あります。目は　あいて　いて、耳も　ぴんと　立って　います。しまの　もようも　ついて　いて、おかあさんに　そっくりです。
しまうまの　赤ちゃんは、生まれて　三十ぷんも　たたない　うちに、じぶんで　立ち上がります。そして、つぎの日には、はしるように　なります。だから、つよい　どうぶつに　おそわれても、おかあさんや　なかまと　いっしょに　にげる　ことが　できるのです。
しまうまの　赤ちゃんが、おかあさんの　おちちだけ　のんで　いるのは、たった　七日ぐらいの　あいだです。その　あとは、おちちも　のみますが、じぶんで　草も　たべるように　なります。

資料2　教材文「いろいろな　ふね」（東京書籍、一下）

いろいろな　ふね

ふねには、いろいろな　ものが　あります。

きゃくせんは、たくさんの　人を　はこぶ　ための　ふねです。

この　ふねの　中には、きゃくしつや　しょくどうが　あります。

人は、きゃくしつで　休んだり、しょくどうで　しょくじを　したり　します。

フェリーボートは、たくさんの　人と　じどう車を　いっしょに　はこぶ　ための　ふねです。

この　ふねの　中には、きゃくしつや　車を　とめて　おく　ところが　あります。

人は、車を　ふねに　入れてから、きゃくしつで　休みます。

ぎょせんは、さかなを　とる　ための　ふねです。
この　ふねは、さかなの　むれを　みつける　きかいや、あみを　つんで　います。
みつけた　さかなを　あみで　とります。
しょうぼうていは、ふねの　火じを　けす　ための　ふねです。
この　ふねは、ポンプや　ホースを　つんで　います。
火じが　あると、水や　くすりを　かけて、火を　けします。
いろいろな　ふねが、それぞれの　やく目に　あうように　つくられて　います。

資料3　教材文「じどう車くらべ」（光村図書、一上）

いろいろな　じどう車が、どうろを　はしって　います。
それぞれの　じどう車は、どんな　しごとを　して　いますか。
その　ために、どんな　つくりに　なって　いますか。
バスや　じょうよう車は、人を　のせて　はこぶ　しごとを　して　います。
その　ために、ざせきの　ところが、ひろく　つくって　あります。そとの　けしきが　よく　みえるように、大きな　まどが　たくさん　あります。
トラックは、にもつを　はこぶ　しごとを　して　います。
その　ために、うんてんせきの　ほかは、ひろい　にだいに　なって　います。おもい　にもつを　のせる　トラックには、タイヤが　たくさん　ついて　います。

クレーン車は、おもい　ものを　つりあげる　しごとを　して　います。

その　ために、じょうぶな　うでが、のびたり　うごいたり　するように、つくって　あります。車たいが　かたむかないように、しっかりした　あしが、ついて　います。

資料4　「たんぽぽ」（東京書籍、二上）

たんぽぽ
ひらやま　かずこ　文・絵

たんぽぽは　じょうぶな　草です。はが　ふまれたり、つみとられたり　しても、また　生えて　きます。ねが　生きて　いて、新しい　はを　つくり　出すのです。
たんぽぽの　ねを　ほって　みました。長い　ねです。百センチメートルいじょうの　ものも　ありました。
春の　晴れた　日に、花が　さきます。花は、夕方　日が　かげると、とじて　しまいます。よるの　あいだ、ずっと　とじて　います。つぎの　日、日が　さして　くると、また　ひらきます。
花を　よく　見て　みましょう。
一つの　花のように　見えるのは、小さな　花の　あつまりなのです。小さな　花を　数えて　みたら、百八十も　ありました。これより　多い　ものも、少ない　ものも　あります。この　小さな　花に、みが　一つずつ　できるように　なって　います。
花が　しぼむと、みが　そだって　いきます。みが　じゅくすまで、花の　くきは、ひくく　たおれて　います。みが　じゅくすと、くきは　おき上がって、高く　のびます。

晴れた 日に、わた毛が ひらきます。高く のびた くきの 上の わた毛には、風が よく あたります。わた毛は、風に ふきとばされます。かるくて ふわふわした わた毛は、風に のって、遠くに 行く ことが できます。

わた毛が 土に おちると、わた毛に ついて いる たねが、やがて めを 出します。たんぽぽは、そこで 大きく なる ことでしょう。

このように して、たんぽぽは、いろいろな ところに 生え、なかまを ふやして いくのです。

資料5 「たんぽぽの ちえ」（光村図書、二上）

たんぽぽの ちえ

うえむら としお 文／いわたつ かよみ え

春に なると、たんぽぽの 黄色い きれいな 花が さきます。

二、三日 たつと、その 花は しぼんで、だんだん くろっぽい 色に かわって いきます。そうして、たんぽぽの 花の じくは、ぐったりと じめんに たおれて しまいます。

けれども、たんぽぽは、かれて しまったのでは ありません。花と じくを しずかに 休ませて、たねに、たくさんの えいようを おくって いるのです。こうして、たんぽぽは、たねを どんどん 太らせるのです。

やがて、花は すっかり かれて、その あとに、白い わた毛が できて きます。

この わた毛の 一つ一つは、ひろがると、ちょうど らっかさんのように なります。たんぽぽは、この わた毛に ついて いる たねを、ふわふわと とばすのです。

この ころに なると、それまで たおれて いた 花の じくが、また おき上がります。そうして、せのびを するように、ぐんぐん のびて いきます。

なぜ、こんな ことを するのでしょう。それは、せいを 高く する ほうが、わた毛に 風が よく あたって、

たねを　とおくまで　とばす　ことが　できるからです。
よく　晴れて、風の　ある　日には、わた毛の　らっかさんは、いっぱいに　ひらいて、とおくまで　とんで　いきます。
でも、しめりけの　多い　日や、雨ふりの　日には、わた毛の　らっかさんは、すぼんで　しまいます。それは、わた毛が　しめって、おもく　なると、たねを　とおくまで　とばす　ことが　できないからです。
このように、たんぽぽは、いろいろな　ちえを　はたらかせて　います。そうして、あちらこちらに　たねを　ちらして、新しい　なかまを　ふやして　いくのです。

資料6　教材文「イースター島にはなぜ森林がないのか」（東京書籍、六上）

イースター島にはなぜ森林がないのか

鷲谷　いづみ

①チリのイースター島は、首都サンティアゴから西に約三千八百キロメートルはなれた、太平洋に浮かぶ絶海の孤島である。島の面積は約百六十平方キロメートルで、香川県の小豆島と同じくらいの広さである。モアイ像で有名なこの小さな島は、無数の火口が残る火山島でもある。
②現在、この島に森林はほとんど見られない。しかし、島に残る遺せきの調査と「花粉分せき」の結果、ポリネシア人たちが初めてこの島に上陸した西暦四〇〇年ごろには、島全体が森林におおわれていたことが明らかになった。
③イースター島の森林は、なぜ、どのようにして失われてしまったのだろうか。二つの調査の結果から、おおよそ次のような流れであったと考えられる。
④今から約千六百年前、ポリネシア人たちが、それまでだれ一人として上陸したことのなかったイースター島に上陸したとき、島はヤシ類の森林におおわれていた。いずれの大陸からも遠くはなれたこの島には、ほ乳動物は生息せず、空を自由に飛ぶことのできる鳥類が数多くすみ着いていた。

⑤ほ乳動物が生息していなかったのは、太平洋のまっただ中に火山のふん火でできたこの小さな島に、泳いでたどり着くことのできるほ乳動物がいなかったからである。
⑥ポリネシア人たちは、イースター島にたどり着いた初めてのほ乳動物だったといってもよいのだが、実はそのとき、もう一種類、別のほ乳動物が、ひそかに上陸していたのである。それは、ポリネシア人たちが、長い船旅の間の食りょうとするために船に乗せていた、ラットである。
⑦島に着いた船からにげ出したラットは、この島で野生化し、またたく間に島じゅうに広がっていったらしい。やがて、このラットの子孫が、ポリネシア人たちの子孫と島をおおう森林に大きなわざわいをおよぼすことになる。だが、長い船旅の末ようやくこの島にたどり着いたポリネシア人たちにとって、ラットの船からの逃走など、ほんのささいな出来事であったにちがいない。
⑧イースター島から森林が失われた大きな原因は、この島に上陸して生活を始めた人々が、さまざまな目的で森林を切りひらいたことである。
⑨まず、農地にするために森林が切りひらかれた。
⑩安定した食りょう生産を行うためには、農作物をさいばいするための農地を開こんしなければならない。「花粉分せき」の結果、島の堆積物の中にふくまれる樹木の花粉が時代とともにしだいに減少したことが明らかになっている。
⑪次いで、丸木船をつくるために、森林から太い木が切り出された。
⑫イースター島が緑の森林におおわれていたころ、森林には丸木船をつくるのに十分な太さのヤシの木がたくさん生えていた。その木を切りたおしてつくった丸木船をこいで、島の漁師たちは、サメなどの大きな魚をとらえていたのである。また、島に住む人々は、この丸木船に乗って、島から四百キロメートルも離れた無人島まで行き、そこに生息する無尽蔵ともいえる海鳥をとらえて食りょうにすることもできた。
⑬さらに、食りょう生産とのかかわりが深いこれらの目的に加え、宗教的・文化的な目的でも森林がばっさいされた。イースター島では、祖先を敬うために、火山岩の巨石に彫刻をほどこす宗教文化、すなわち、モアイ像の製作がさかんになった。

⑭モアイ像は、高さが三メートルから十メートルもあり、重さは三トンから十トンにもおよぶ。中には、高さ二十メートル、重さ五十トンに達するものまである。
⑮モアイ像は、島の石切り場から切り出された巨大な火山岩を、ノミでけずって作られる。そして、ときには十数キロメートルもはなれた所まで運ばれ、てこを用いて立てられた。このモアイ像を石切り場から運ぶために森林がぎせいとなった。重さが何トンもある巨大な像を転がしてゆくのに必要なころを作るために、森林から木が切り出されたのである。
⑯イースター島では、豊かな森林の恩けいを受けて、高度な技術をほこる巨石文化が栄えた。西暦一五〇〇年ごろには、人口七千人に達していたと推定されている。
⑰しかし、そのはん栄は決して長くは続かなかった。太い木が、切りつくされてしまったからである。
⑱森林から太い木をばっさいしたとしても、絶えず新しい芽が出て、順調に成長していたとしたら、森林には常に太い木が存在し、人々のくらしに必要な材木も持続的に供給されたはずである。しかし、イースター島では、ヤシの木の森林が再生することはなかった。
⑲人間とともに島に上陸し、野生化したラットが、ヤシの木の再生をさまたげたらしいのだ。
⑳ラットは、人間以外のほ乳動物のいない、すなわち、えさをうばい合う競争相手も天敵もいないこの島で、爆発的にはんしょくした。そのラットたちがヤシの実を食べてしまったために、新しい木が芽生えて育つことができなかったようなのである。
㉑このようにして、三万年もの間自然に保たれてきたヤシ類の森林は、ばっさいという人間による直接の森林破かいと、人間が持ちこんだ外来動物であるラットがもたらした生態系へのえいきょうによって、ポリネシア人たちの上陸後、わずか千二百年ほどで、ほぼ完ぺきに破かいされてしまったのである。
㉒一七二二年に、初めてヨーロッパ人がこの島をおとずれたとき、島のはん栄も、豊かな森林も、すでに過去のものとなっていた。木は切りつくされて森林はなく、その結果、むき出しとなった地表の土が雨や風に流され、畑はやせ細っていたのである。

㉓農業生産がふるわないだけではない。漁に必要な丸木船をつくる材木がなくなってしまったため、かつてのように、魚や海鳥をとることもできなくなっていたのである。
㉔当然のことながら、島は深こくな食りょう不足におちいっていた。食りょうをうばい合う村どうしの争いが絶えず、島の人口も、最も栄えていたころの三分の一にまで減少していた。
㉕高度な技術や文明が、豊かな自然のめぐみに支えられて発達したのだとしたら、このイースター島の歴史から、わたしたちが教えられるのは次のようなことである。すなわち、ひとたび自然の利用方法を誤り、健全な生態系を傷つけてしまえば、同時に文化も人々の心もあれ果ててしまい、人々は悲さんで厳しい運命をたどる、ということである。
㉖モアイ像は、西暦一〇〇〇年から一六〇〇年ごろの間に作られたとされている。祖先を敬うためにモアイ像を作った人々は、数世代後の子孫の悲さんなくらしを想像することができなかったのだろうか。
㉗祖先を敬う文化はさまざまな民族に共通であるが、数世代後の子孫の幸せを願う文化は、それほどいっぱん的ではないのかもしれない。しかし、今後の人類の存続は、むしろ、子孫に深く思いをめぐらす文化を早急に築けるかどうかにかかっているのではないだろうか。

参考文献（著書、論文）について

一九八四年に、説明的文章の指導に関する最初の著書、『認識主体を育てる説明的文章の指導』を刊行して以来二七年が経過している。著書以前にこの分野での研究を開始しているという事情を考えれば、三〇年余を、説明的文章の指導の研究テーマの一つにしてきたことになる。

以下に紹介するのは、説明的文章の指導に関する著書（「評価読み」による説明的文章の教育に関する著書といってよい）と、大学の紀要に掲載したものを中心に、説明的文章教育論史関係の論文を列挙している。

著書は、すべて、絶版になっており、購入は不可であるが、図書館等を利用していただきたい。

○ 説明的文章教育関係著書、論文一覧

【著書　単著のみ】

1　『認識主体を育てる説明的文章の指導』、溪水社、一九八四
2　『筆者の工夫を評価する説明的文章の指導』、明治図書、一九八九
3　『説明的文章教育の目標と内容』、溪水社、一九九八

【編著】
1 『説明的文章の研究と実践』、明治図書、一九八三
2 『説明的文章教材の実践研究文献目録（一九六五年一月～一九八四年二月）』、渓水社、一九八四
3 『説明的文章教材の実践研究文献目録 第二集（一九八四年三月～一九九〇年一二月）』、渓水社、一九九一

【研究論文 単著のみ】
1 「説明的文章指導論の史的考察Ⅰ――香国研の『筆者想定法』を中心に――」（広島大学大学院学校教育研究科創設十周年記念論文集、一九九二、三）
2 「説明的文章指導論の史的研究Ⅱ――『東京都青年国語研究会（青国研）』の場合――」（広島大学学校教育学部紀要、第Ⅰ部、第一五巻、一九九三、一）
3 「説明的文章指導論の史的考察Ⅲ――一九六〇年代の『児童言語研究会』を中心に――」（広島大学学校教育学部紀要、第Ⅰ部、第一八巻、一九九六、一）
4 「説明的文章指導論の史的考察Ⅳ――徳島県中学校国語教育研究会の場合――」（広島大学学校教育学部紀要、第Ⅰ部、第一九巻、一九九七、一）
5 「説明的文章指導論の史的研究Ⅴ――倉沢栄吉氏の『筆者想定法の理論』について――」（広島大学学校教育学部紀要、第Ⅰ部、二二巻、一九九九、一）
6 「説明的文章指導論の史的研究Ⅵ――渋谷 孝氏の理論――」（学校教育実践学研究、第六巻、二〇〇〇、三）
7 「説明的文章指導論の史的研究Ⅶ――小田迪夫氏の『説明文教材の授業改革論』を中心に――」（広島大学教育学部紀要、第一部（学習開発関連領域）、第四九号、二〇〇〇）
8 「説明的文章指導論の史的研究Ⅷ――西郷竹彦氏の理論を中心に」（広島大学大学院教育学研究科紀要、第一部（学習開発関連領域）、第五〇号、二〇〇一）

9 「説明的文章指導論の史的研究Ⅸ――『小学校学習指導要領』の考察を中心に――」（広島大学大学院教育学研究科紀要、第一部（学習開発関連領域）、第五二号、二〇〇三）
10 「説明的文章教育の改善――単元創造の方法――」（広島大学大学院教育学研究科紀要、第一部（学習開発関連領域）、第五三号、二〇〇四）
11 「説明的文章指導論の創造」（学校教育実践学研究、第一〇巻、二〇〇四、三）
12 「説明的文章教材論（2）――小学校国語教科書の単元編成の実態と問題点――」（広島大学学校教育学部紀要、第Ⅰ部、第一〇巻、一九八七、一二）
13 「説明的文章教材論（3）――小学校国語教科書における『学習の手引』の研究――」（広島大学学校教育学部紀要、第Ⅰ部、第一四巻、一九九二）
14 「説明的文章の教材研究論（1）」（広島大学学校教育学部紀要、第Ⅰ部、第一一巻、一九八八）
15 「日米比較国語科教育研究――『内容領域における読み』の指導について――」（広島大学学校教育学部紀要、第Ⅰ部、第一六巻、一九九四、一）
16 「『わかる』の位相――説明的文章の読みの場合――」（広島大学大学院教育学研究科紀要、第一部（学習開発関連領域）、第五四号、二〇〇五）
17 「説明的文章の読みの能力構造論――『評価読み』を中心に――」（鈴峯女子短期大学人文科学研究集報、第五五集、二〇〇八）
18 「『評価読み』における『吟味・評価』の意味と構造」（鈴峯女子短期大学人文科学研究集報、第五六集、二〇〇九）
19 「『評価読み』の研究⑴」（比治山大学現代文化学部紀要、第一七号、二〇一〇）

あとがき

『説明的文章教育の目標と内容――何を、なぜ教えるのか――』（一九九八）のあとがきに、多忙を極めていることを書いていた。三度目の勤務になる現在の私大の生活は、いっそう多忙であり、まとまった時間を確保することが難しい。昨年の四月以来目の回るような時間が連続していたが、三月になって、ようやくわずかながら自分の時間といえるものを確保できるようになった。そのわずかな時間に、これまで構想し、私的な講座や講演、学校での研修会の折に学んだり、アドバイスしたりしたことをまとめてみようという気になった。

一〇日ばかりの時間でできることは、たかが知れている。ではあるが、これまで、私家版としてパンフレット、マニュアルの形で解説していたものよりはましな情報提供の手段になっていると考えている。

研究活動に入ってまもなく、研究テーマの一つを「説明的文章の指導」に選んだ時、その分野は、国語科教育の世界では傍流であった。文学教育が圧倒的に多い時代にあっては、今日のように説明的文章の研究と教育が、重要な位置を占めることは考えにくいことであったが、人間が、論理的にものを考え、論理的に表現するという行為は、極めて日常的で、基本的な行為であってみれば、今日の状況は、当然のことであるとも言える。ただ、状況の変化に、学校の国語科教育が対応できているのかどうかには、なお疑問がある。

長年、小学校の現場に入り込んで、「評価読み」の理論の検証をし、児童のめざましい成長に励まされてきた。仲間内の専門的、かつ抽象的な議論よりも、児童の成長こそが理論の有効性の証左と考えたい。できる限り児童、生徒（学習者）に届くように願いながら、その仲介者たる教師に語りかけることにした。福山市立旭丘小学校には、四年も五年も継続的に出かけ、同校の先生方と一緒に「評価読み」の実践的研究をしている。本書の仮想読者は、まずは、同校の先生方である。また、同校を会場にして、何度か私的な講座を開催した。その講座に参加していただいた多くの実践者も、語りかける相手を想定する上で重要な意味をもっていた。これらの先生方、そして、その先生方の前にいて、生き生きと認識活動、表現活動をしている児童、生徒にも感謝したい。

なお、本書の出版に際しては、溪水社の編集担当、西岡真奈美さんのお世話になった。記して感謝する次第である。

二〇一一年四月

森田信義

著者紹介

森田　信義（もりた　のぶよし）

1943年　山口県生
広島大学名誉教授／比治山大学教授

著　書（単著）
『認識主体を育てる説明的文章の指導』（1984）
『筆者の工夫を評価する説明的文章の指導』（1989）
『説明的文章教育の目標と内容』（1998）
『表現教育の研究』（1989）
『小論文の書き方入門』（2000）
著　書（共著・編著）
『説明的文章の研究と実践』（1988）
ほか
受賞　全国大学国語教育学会「石井賞」（1989）

現住所：　〒739-0144　東広島市八本松南７－15－16

「評価読み」による説明的文章の教育

平成23年８月10日　発　行

著　者　森田　信義
発行所　株式会社　溪水社
広島市中区小町１－４（〒730-0041）
電　話（082）246－7909
ＦＡＸ（082）246－7876
E-mail: info@keisui.co.jp

ISBN978-4-86327-149-4 C3037